华历史文化名楼〕

钟鼓楼

霍学进　喻军　李宝怀　编著

文物出版社

图书在版编目（CIP）数据

钟鼓楼/霍学进，喻军，李宝怀编著. —北京：文物
出版社，2012.9（2018.12重印）
（中华历史文化名楼）
ISBN 978-7-5010-3559-5

Ⅰ.①钟… Ⅱ.①霍… ②喻… ③李… Ⅲ.①钟鼓楼—介绍—西安市
Ⅳ.①K928.74

中国版本图书馆CIP数据核字（2012）第218812号

中华历史文化名楼
钟鼓楼

编　著：霍学进　喻　军　李宝怀

责任编辑：高梦甜

责任印制：梁秋卉

封面设计　薛　宇

出版发行：文物出版社

地　　址：北京市东直门内北小街2号楼

网　　址：http://www.wenwu.com

邮　　箱：web@wenwu.com

经　　销：新华书店

印　　刷：北京京都六环印刷厂

开　　本：787mm×1092mm　1/16

印　　张：8.25

版　　次：2012年9月第1版

印　　次：2018年12月第2次印刷

书　　号：ISBN 978-7-5010-3559-5

定　　价：40.00元

《中华历史文化名楼》丛书编辑委员会

主　　编： 邹律资

执行主编： 张国保　李建平

编　　委：（按姓氏笔画排列）

冯子云　包　静　叶增奎　李安健　李建平

邹律资　张少林　张国保　徐　忠　黄二良

寇润平　韩剑峰　虞浩旭　霍学进

《钟鼓楼》编辑委员会

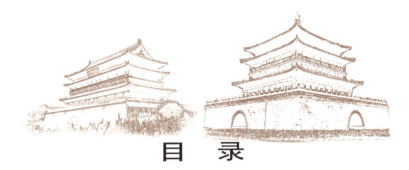

目　录

　　西安，这座古老而又崭新的城市，千百年来，洪荒岁月的蒙昧之泉曾从这里涌淌，野蛮时代的艺术曾在这里涂鸦，史前文明的火花曾在这里燎原，煌煌鼎世的创造发明曾在这里诞生，绝世凿空的足迹曾从这里延伸横亘，时代精神的洪流也曾在这里跌宕起伏。林林总总使人一唱三叹，流连忘返。那么，从哪里谈起呢？

　　文化是人类的集体记忆，建筑则是人类文明的华丽乐章。西安钟鼓楼不仅以其双子星座的地标建筑让西安彪炳于世界历史文化名城之列，而且以其巧夺天工的精湛技艺使中国营造法式流播天下，蔚为大观。

我的钟鼓楼情结

那年，我出差南方某城，乘车来回经过市中心十字街头几回，心中隐隐地有种繁花似锦却无芯无主的感觉，缺个什么呢？回西安后忽然明白，缺个钟楼！西安人习惯了以钟楼做参照来定位，一旦没了钟楼，就找不到南也寻不见北，马上就失去了方向感。南方人一定有他们自己的城市生活坐标，只是我们外地人不懂得罢了。

保护钟鼓楼，历代人都有觉悟，我们只不过是继承而又发扬他们的精神而已；热爱钟楼，我们也未必能超过古人。古代没有时钟，智者们发明的日晷和漏壶，成为官家和权贵们的计时工具，普通百姓全靠官府设置的钟鼓楼来获得报时的信息，钟鼓楼上发出的声音就成为市民的生活节律，像西式乐团指挥手里的那根指挥棒，点拨了整个城市的大合唱，也像今日街头的红绿灯，调节着城市的行止与作息。

据专家们说，钟楼与鼓楼（Bell Tower and Drum Tower）在中国古代是主要用于报时的建筑，钟鼓楼是人们对钟楼和鼓楼的合称；钟鼓楼有两种，

一种建于宫廷内，一种建于城市中心地带，多为两层建筑。宫廷中的钟鼓楼始于隋代，止于明代。它除报时外，还作为朝会时节制礼仪之用。古时击钟报晨，击鼓报暮，因此有"晨钟暮鼓"之称。

明代的西安鼓楼地处在城中部偏西南，为使鼓声能传遍全城，就必须建造高楼，设置大鼓。明、清两代，鼓楼周围大多是陕西行省、西安府署的各级衙门，这些衙门办公和四周的居民生活都离不开鼓声，鼓声亦成为当时人们最熟悉的悦耳之声了。悬挂于鼓楼之上的"声闻于天"匾额，画龙点睛，说明了鼓楼的实际意义。

据西安钟楼上的《钟楼碑》记载，钟楼初建于明洪武十七年（1384年），当时它的位置在西大街以北广济街口的迎祥观，距目前所在位置约1000米。这一位置正在唐长安城的中轴线上，也是五代、宋、元时长安城的中心。两个世纪后，随着城市中心东移，城门改建，新的东、南、西、北四条大街形成，位于迎祥观的钟楼便日益显得偏离城市中心。到了明神宗万历十年（1582年），在陕西巡抚龚懋贤的主持下，钟楼来了个整体迁移，从此就一直矗立在古城的东西南北大街的十字当中，时刻在向世人宣示着这座城市的核心与秩序，成为城市永恒的空间坐标与历史丰碑。

钟鼓楼在失去报时功能和政治象征意义之后，升华为我们今天的文化遗产，但是，我总有一个情结，就是今天钟鼓楼的意义应该不止于作为一种建筑艺术文化遗产，其雄伟而又沧桑的身影背后，或许有某种神秘的意蕴秘藏不露，至今流淌不息。

有人这样说钟鼓楼的作用：晨钟暮鼓，声闻四达，以振兴文教，教化民众。这里我想问的是，晨钟暮鼓到底教化了民众什么？是对权威的敬畏？

是对时间与生命的珍惜？是对生活的热爱？是对劳动与创造的崇敬？或是对社会秩序的遵守？噢，人们常说高台教化，原来钟鼓楼的硕壮高台也是为了教化功能的发挥啊！

根据钟鼓楼的旧照片可以看出，几十年以前你若登临楼上，凭栏便能眺望全城景色，钟楼与鼓楼百米相望，雄壮超群、精彩绝伦、傲视全城。而现在，你大概只能通过四条大街遥望一下四个城门楼了，及至夜晚，在庞然而又华丽的商业建筑围绕下，钟鼓楼不见了辉煌，倒像是刚进城的乡巴佬，灰头土脸，找不着自己也找不着北了！我在想，今天的钟鼓楼还有教化功能么？如有，他们的教化意义又何在呢？

钟鼓楼不同于其他古代建筑，他们的文化价值不仅在于建筑艺术本身，而且在与他们自身所具有的教化民众的意义，那就是这座城市所具有的基本理念：民众与生活、时间与秩序、社会与节制！然而，这正是自人类进入工业文明时期所必须遵守的社会发展理念，其中包含了民主与平等、速度与效率、标准与规范等等，今天，我们的党和国家、我们的民众不是正在为实现这些理念的价值而不懈地奋斗着么！

当年，钟鼓楼虽为官方所修建，所宣示的虽为权威及其权威所规定的秩序，但是，人们操作晨钟暮鼓所遵循的规范却是日月星辰的运动规律。斗转星移，是谁也改变不了的自然本性，你可以顺应它、利用它做你想做的事情，却不可以背离它。据说几年前，有人建议钟鼓楼博物馆，把让游人只要缴费就可以随时击鼓敲钟的活动取消，改为整点由工作人员操作，我想这很有点道理。时间如同日月，所到之处公正无私，不会因为贫富贵贱而增减，一城人的生活节律更不能为任何个人的兴致所至而扰乱。由此

我想，过去时代的晨钟暮鼓，不仅声音悦耳动听，而且操作者一定严肃认真，因为他关系着千万人的起居作息。

钟鼓楼不仅是西安这座古老而又年轻城市的物理空间中心，也是西安人精神与情感的寄托。市政府一直为使它们的夜间亮化煞费苦心，出于文物安全与交通安全的考虑，没有使用大功率的传统灯光照明，目前正在使用的泛光照亮在最初几年效果也还算不错，随着近几年周边商业设施的照亮越来越强，相应之下钟鼓楼又变得灰暗了。今年，政府决定采用最新电子照明设备，重新点亮钟鼓楼，钟鼓楼不久将会以靓丽的身姿出现在古城中心。到时是否会有人期望，在点亮钟鼓楼身姿的同时，也能点亮钟鼓楼所蕴涵的那种不朽的精神与文化。

文物不言，检验着每一位亲临者的智慧与品格！如果说历史是一面镜子，钟鼓楼则是一面永不生锈的镜子，当我们登上钟鼓楼，在观望四周车流人海时，能看清楚我们自己是个甚么东西么？

保护钟鼓楼，是我们的职责，感受到钟鼓楼文化，是我们的幸运，弘扬钟鼓楼文化，则是一场辛勤耕种我们心田的精神劳作，可惜的是，我们目前只看到了守田人，还鲜见下地劳作者。这，就是我的情结，我的期待。

西安市文物局局长　郑育林

序

西安，这座古老而又崭新的城市，千百年来，洪荒岁月的蒙昧之泉曾从这里涌淌，野蛮时代的艺术曾在这里涂鸦，史前文明的火花曾在这里燎原，煌煌鼎世的创造发明曾在这里诞生，绝世凿空的足迹曾从这里延伸横亘，时代精神的洪流也曾在这里跌宕起伏……林林总总使人一唱三叹，流连忘返。

文化是人类的集体记忆，建筑则是人类文明的华丽乐章。西安钟鼓楼不仅以其双子星座的地标建筑让西安彪炳于世界历史文化名城之列，而且以其巧夺天工的精湛技艺使中国营造法式流播天下，蔚为大观。

对于西安这座经历过漫长历史的古城来说，钟楼是古老的，钟楼更是年轻的，它记录着西安沧海桑田的历史，铭刻着西安人心中的悲怆与骄傲。它与鼓楼晨昏相伴，与西安四门遥相呼应。钟鼓楼处在西安城的心脏地带。不仅是西安的标志性建筑，更是西安这座城市的文化符号。

钟楼位于西安市中心，创建于明洪武十七年（1384年），原址在今西

大街广济街口，明万历十年移建于此，是我国目前规模最大，建筑最宏伟，保存最完整的明代建筑之一。青砖基座、木质楼体，通高36米，重楼三滴水（三重檐），四角攒尖顶式，内外雕梁画栋，至今仍以其金碧辉煌，巍伟壮观的雄姿，屹立在西安城中心，与西安四门遥相呼应。东西南北四条大街的交汇处，由此东去，是西安最繁华的商业大街，由此北行，是西安最年轻最宽阔的大街，往南去，是高楼林立的科技文化区。鼓楼横跨北院门大街之上，建于明洪武十三年（1380年），通高33米，雄杰秀丽不亚于钟楼。鼓楼和钟楼这对双子星座，相距仅半里，互相辉映，为古城增色，是古城西安的标志建筑，被誉为"古城明珠"。

钟楼与鼓楼均初建于明洪武年间，期间屡经维修，从农耕时代起，晨钟暮鼓，声闻四达，以振兴文教，教化民众，历经数百年风雨浸润，屹立至今，是西安历史文化的象征。

钟楼、鼓楼整个建筑结构严谨，雄伟壮观，在我国现存的城市钟鼓楼中以气势宏伟、构筑精巧、色彩艳丽著称，是关中地区重要的古建筑之一，其建筑规模、形式、彩绘等为研究明清以来古代建筑艺术提供重要实物资料。1998年，钟鼓楼广场建成，广场依二楼布局而建，不仅扩展了钟鼓楼游览范围，同时广场的布局与设计过程中，注重对西安历史文化的传承、进一步彰显和强化了钟鼓楼格局，在传统的基调上融入了现代化气息，通过鲜明主题特征来创造传统而富有现代气息的文化环境，发展了现代商业，又保持了传统风貌。使钟鼓楼传承了悠久的文化，塑造了城市新景观。

2008年因业务拓展，加挂西安市钟鼓楼博物馆的牌子，强化了藏品征集、陈列展览和社会宣传教育职能。在文化大发展大繁荣背景下，开展文物保护工作、创新展览模式，更好地服务于社会发展等，从而为西安"博物馆之城"建设添砖加瓦，为西安这座历史文化名城注入更多活力，为西安国际化大都市建设贡献力量，钟鼓楼博物馆被赋予新的重担，本书正是在此巨大的感召力下而完成。

本书旨在通过对钟楼、鼓楼历史的细数，对其建筑结构的解剖、对其所蕴涵文化意义的阐述，从而充分认识钟鼓楼的重大价值，进而最大限度地保护和利用钟鼓楼建筑，使这座古老而又年轻的建筑继续发出发聋震聩的钟鼓声。

西安钟楼、鼓楼饱经风雨的历练，记录着西安两千多年的文化传承，见证了西安的辉煌和发展，它经历过朝代的更替、经历过"文革"的浩劫、经历过古貌换新颜的发展，周围的一切均已今非昔比，只有钟鼓楼依旧横亘如斯，它既完成了庄严的历史使命，又继往开来，预示新纪元的到来。

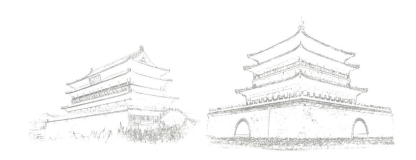

第一章　钟鼓起源

钟和鼓是中国古代乐器家族重要的成员。古有炎帝之孙伯陵始做钟，黄帝之乐官伶伦、工匠垂做钟等传说。又有黄帝始做鼓、伊耆氏做鼓、"夷做鼓"、"巫咸做鼓"等记载。

古代文献中对钟和鼓的产生时代说法不一，公允认为它们出现于原始社会晚期，亦即夏王朝建立之前。

一、钟的肇始

钟是靠敲击钟体发声，这一特殊性决定了最适合做钟的材料是金属。中国古代青铜冶炼技术的出现是在原始社会的晚期，而冶铁术出现的较晚。从考古发现的角度来看，大约在原始社会晚期的龙山文化中就有了钟的雏形。1983 年，在山西襄汾陶寺龙山文化遗址的一座墓葬中发现了一件铃形铜器，器表素面无纹，器身的横截面近似菱形，口部较大，高只有 2.65 厘米。顶部中间有一圆形小孔。另外，在陶寺遗址中还发现了两件铃形陶器，较铃形铜器略大，造型基本相同，顶部有双孔。有人认为这种铃形器顶部有孔，可以悬挂起来敲打，是原始的铜钟和陶钟。在晚于龙山文化的夏文化遗址中也发现了与陶寺遗址铃形铜器类似的铜器。如在河南偃师的二里头遗址中出现过两件铃形铜器，一件通高8.5厘米，另一件通高7.7厘米，顶部有两个椭圆形孔，两孔之间有一拱形纽，显然可以悬挂起来敲击。

陶钟

如果说对上面所说的几件铃形器，在学术上还存在是铃、是钟的争论，那么，到了商代已经出现了比较成熟的钟。商代有一种叫"钲"或"铙"的乐器，古书中又称其为"丁宁"。钲或铙形似钟而狭长，有柄可执，使用时手执柄而击之，它的特点是口向上、柄在下，不同于我们今天常见的悬挂起来敲击的钟，故而也称"执钟"。悬挂的

执钟

编钟

钟正是从钲或铙这种执钟演化而来。将原来手执的柄部加上圆环，使其可以悬挂，从而形成了"甬钟"。"甬钟"保留了柄，所以悬挂起来后是倾斜的。

直悬的钟大约到了西周中期已经出现，这种钟省略了原来钟顶面上的柄，代之以"∩"形或"∪"形的梁，古书上也称之为"纽"，由于这种钟没有原来的柄，可以垂直悬挂，所以人们也称这种钟为"纽钟"。我们今天所常见的钟正是由纽钟发展而来，它们基本上都是由用于发音的共鸣箱和用于悬挂的"纽"两部分组成。如果细分起来，古人对钟体的各部位还都定有专门的名称。

甬钟和纽钟的钟体的横截面近似椭圆形，口部呈内凹的弧形。

编钟

它和钲、铙的根本区别是，一个在使用时口向下，一个口向上。古时
还有一种与纽钟相似，但口部平直的钟，古人称之为"镈"。同时，
古人也把大钟称之为"镛"。古时，钟有单独悬挂的，称为"特钟"；
也有成组悬挂的，称为"编钟"。在陕西长安普渡村和宝鸡茹家庄的
西周中期墓葬中都出土了3件一组的编钟，到西周晚期出现了8件一
组的编钟，东周时期出现了14件一组的编钟。编钟具体的组合方式有
一定的规范。当时人们把一套完整的编钟称为"一肆"，"肆"也就是"列"
的意思。《左传·襄公十一年》有"凡兵车百乘，歌钟二肆"之语，注解说：

"肆，列也。悬钟十六为一肆，二肆，三十二枚。"如果按照这个解释去理解曾侯乙墓的64枚编钟，它正好是"四肆"。

钟铃

总的说来，现代意义上的钟出现于西周时期，到春秋战国时期有了很大的发展，在铸造工艺上也达到了极高的水平。当时的钟均为青铜铸造，随着冶铁业的发展，铁钟开始出现，并发展为钟家族中的重要成员。

二、鼓的起源

鼓是一种打击乐器，由鼓桡和鼓面两部分组成，靠敲击鼓面而发声，所以鼓桡的材质可以有多种变化。早期的鼓大约有"陶鼓"和"木鼓"两种，鼓面以兽皮蒙制。商代时出现了"铜鼓"。就鼓面而言，常见的鼓有单面和双面两种。

据《礼记·明堂位》记载，伊耆氏"土鼓蒉桴"，意即伊耆氏以土作鼓，用土块当鼓槌。伊耆氏制作的这种"土鼓"实际上就是《玉篇·鼓部》所谓的"瓦为桡，革为面"的"瓦鼓"，亦即以黏土烧制成边框的"陶鼓"。在山西襄汾陶寺遗址中已经发现有陶鼓。这些陶鼓为褐色或灰色，形状与长颈葫芦相似，有的高达 80 多厘米。在这一遗址中同时还发现了"木鼓"，鼓身以树干挖空制成，作竖桶形，鼓面虽已腐朽，但由于散落在鼓腔内的鳄鱼骨板可知，当时是以鳄鱼皮蒙鼓的，这种鼓也被古人称为"鼍（音'驼'）鼓"。陶寺的这种木鼓都出土于规模较大的墓葬中，鼓的形体也较大，如有一件鼓通高达 100.4 厘米，上口直径 43 厘米，下口直径 57 厘米，鼓腔外壁涂成粉红或赭红色，以白、黑、黄、宝石蓝等色绘制出各种图案。显然，这一时期的鼓已经达到了相当成熟的阶段。在青海、甘肃等地的史前时期遗址中，也出现过陶鼓。此外，在夏代的二里头遗址中还发现了漆鼓，鼓身为长筒形，束腰，通长 54 厘米，外面涂以红漆。在商代的大型墓葬中还曾发现以蟒皮蒙制的木鼓痕迹。由于木

陶鼓

鼓极易腐烂，上述发现已属十分难得。

迄今为止，考古发现的铜鼓的最早实物属于商代，如1977年在湖北省崇阳县发现的铜鼓，其形状为横置的两面鼓，鼓筒上铸满兽面纹，下有方座，鼓沿上铸有模仿蒙兽皮用的钉子。铜鼓曾流行于我国西南少数民族地区，当地的铜鼓一般为单面的立鼓。大鼓置于地上，小鼓两侧有环形耳，可以悬挂敲击。这种铜鼓与中原地区流行的鼓在形制上有所不同，时代早的可追溯到春秋战国时期，历经秦汉唐，直到明清时期仍在使用。

鼓出现于原始社会晚期已是确凿的事实。历经夏、商、周三代，鼓的种类不断增加，发展成为一个大家族。《礼记·明堂位》说："夏足鼓，商楹鼓，周悬鼓。"意思是说夏代的鼓下有四足，而商代的鼓下有一立柱支撑，周代则将鼓悬挂起来。这种说法虽然是想表明所谓"三代不同制"的观点，但同时也说明了早期鼓的三种不同放置形式，夏代的鼓"足"大约是后代鼓"架"的前身，而

铜鼓

商代的楹鼓，正是后来建鼓的先辈。

钟鼓都是靠敲击发声，其形体的大小可随实际需要变化，特别是那些形体很大的钟鼓，可将其声响传送很远，这一特性是其他乐器所不具备的。正是钟鼓的这一特殊性质，决定了他们不只是普通的乐器，还被用于许多重大的社会活动中，从宫廷到民间，与人们的生活有着密切的关系。这种联系可简单归纳为，早期的钟鼓主要用于祭祀天地鬼神、祖先和宫廷宴饮等重要礼仪性场合；在战争中作为指挥进退的信号，作为警戒的信号；在宫中和城市中作为报时的工具等。随着社会的发展，钟、鼓作为民间乐器也被广泛使用，许多原本流行于周边国家和地区的钟鼓也在中原地区广泛使用。佛教和道教的兴起与发展又为钟鼓家族增添了许多新的内容。

三、钟鼓家族

钟鼓的种类到底有多少？难以说清。仅从古文献来看，有大林之钟、景钟、九龙之钟、十龙之钟、千石之钟等，可以断定钟鼓是个成员众多的大家族。

《古今乐录》说，以金属制作的乐器有六种，都属于钟类。这六种乐器有钟、镈、錞、镯、铙、铎。镈的形状与钟相似，但形体较大；錞，也就是錞于，体作圆形像椎头，上大下小，有"金錞和鼓"的说法；镯也就是钲，其形状像小钟，行军时用以节制鼓声；铙的形状像铃，但没有铃舌，有柄可以手执；铎的形状像大铃。由于钟除了作乐器之外还有许多特殊的作用，古人也就给钟赋予了许多象征性的意义。

　　《乐叶图征》云："君子铄金为钟，四时九乳，是以撞钟以知君，钟调则君得道。""君"是指"国君"，四时指春、夏、秋、冬四季；"九乳"是钟体上凸出的九个柱形体，象征九州，即天下国土。从钟声里可以知道一个国家的情况，如果钟音协调预示国君治国有成；钟声悠远，象征着威严。古人不仅在钟体上铸满具有象征意义的各种花纹，而且也在钟纽上费尽苦心。古代的许多钟纽均作兽形，古人将这种兽称为"蒲牢"，把撞钟用的大木做成鲸鱼形，称其为"钟鱼"。相传在海中有一种大兽叫"蒲牢"，它很害怕鲸鱼，每当鲸鱼攻击它的时候都拼命地大声吼叫，由于蒲牢吼叫的声音很大，所以人们期望钟声洪亮，就把蒲牢铸在钟上作为钟纽。我们可以想象，钟就像张着大口的蒲牢，而撞钟之木就是鲸鱼，鲸鱼

唐景云钟钟纽

咬一口，蒲牢吼一声，咬得越重，吼得越响，的确生动有趣，因此才有《西都赋》中"发鲸鱼，铿华钟"之语。古代有"龙生九子"之说，蒲牢也名列其中。

佛教寺院的钟，梵语音译为"犍稚"，汉语译作"钟"，也作"磬"。它既用来报时，又可作为召集僧众的信号。

　　《周礼·地官·鼓人》载鼓有六种，即雷鼓、石鼓、灵鼓、路鼓、卉鼓、晋鼓。古人解释说，雷鼓是一种八面鼓，灵鼓六面，路鼓四面，卉鼓长八尺，咎鼓长一丈二尺，晋鼓长六尺六寸。在古文献中我们还能看到鼓的家族序列：应鼓、鞉鼓、咢鼓、鹭鼓、鹤鼓、玉鼓、布鼓、石鼓、圣鼓、节鼓等。《乐录》说："鼗如鼓而小，执其柄摇，其耳旁边自相击而鸣"。这种"鼗鼓"也正是今天民间仍在流行的"拨浪鼓"。同时，古人又将马上之鼓称为"提鼓"，设于朝堂之上的称为"登闻鼓"，设于府寺的称"朝晡鼓"，设于村野的称"枹鼓"，设于边境的称"警鼓"，用于报更的称"更鼓"，用于作战的称"战鼓"等等。鼓用于不同的场合会被制成不同的形状，不同的尺寸，或采用不同的装饰，或采用不同的材质，同时也就有了不同的名称。

　　随着古代各国、各民族之间友好往来不断扩大，周边国家和少数民族地区的鼓也传到中原。《羯鼓录》说："羯鼓，出外夷，以戎羯之鼓，故曰羯鼓。"《群书考索》说："腰鼓，大者瓦，小者木，皆广首而纤腹，本胡鼓也。"《唐书》记载："西舍利乐有三面鼓"，又如"答腊鼓"、"鸡娄鼓"、"毛员鼓"、"槟榔鼓"等大约也都原非中原之物。

四、钟鼓的实用价值

群音之长

　　有音乐，就有音律。《月令章句》说："上古圣人，本阴阳，别风声，审清浊，不可以文载口传，于是始铸金做钟，以主十二月之声。"《吕氏春秋·古乐》云："黄帝又命伶伦与荣将铸十二钟，以和五音。"这里所说的

"五音"是指宫、角、徵、商、羽，它们与"五行"相配也就是土、木、火、金、水五音。古人把钟作为音律的象征，也把十二钟作为十二律的代表。《淮南子·天文训》说："律之数六，分为雌雄，故曰十二钟，以副十二月。"十二律被分为阴阳两类，阳为"律"，阴为"吕"，与十二月相对应。

古代乐器通常以八种不同的材质制成，故统称乐器为"八音"。由于鼓可以节制其他乐器，所以有时也用鼓或钟鼓作为乐器或音乐的代称。《诗·商颂·那》："奏鼓简简，衎我烈祖。"郑玄解释说："奏鼓，奏堂下之乐也。"古代有以"钟鸣鼎食"形容富贵之家列鼎而食、击钟奏乐的说法。《吕氏春秋·音初》："饮食必以鼓"，高诱解释说："鼓，乐也。"唐代王勃的《滕王阁诗序》说："闾阎扑地，钟鸣鼎食之家。"这里的"钟鸣"也是指奏乐。

钟鼓每每用于古代社会生活的重要场合。《周礼·地官·鼓人》说："鼓人掌教六鼓四金之音声，以节声乐，以和军旅，以正田役。""六鼓"在前面已经说到，"四金"具体是指镈、镯、铙、铎，与钟同类。钟鼓在古代更被广泛用于祭祀天地鬼神的祀典和重要的活动之中，如《周礼》所说，祭天神用雷鼓，祭地神用灵鼓，祭祖先用路鼓，发布军事号令时用卉鼓，指挥大型的劳役时用咎鼓等。所以，古代的钟鼓已远远超出了普通乐器的一般功能，它们既是庞大乐器家族中的引领者，又在现实社会中发挥着象征意义和实用价值。

君王之崇

钟鼓是君王权力和等级制度的象征。钟象征君王的威仪，历史上许多

君王都争铸大钟。齐景公所铸的大钟在《晏子春秋》中记叙说："齐景公为大钟，将悬之，仲尼、伯常骞、晏子三人俱来朝，皆曰：'钟将毁。'撞之果毁。公召三子问之，晏子曰：'钟非大礼，是以曰将毁。'仲尼曰：'钟大悬下，其气不得上薄，是以曰将毁。'伯常骞曰'今日庚申，雷日也，阴莫胜于雷，是以曰将毁。'"这三个人对钟将毁的原因做了不同的解释，晏子说，钟铸得太大，不符合礼制的规定；孔子说，钟悬的太低，不符合技术要求；伯常骞说，悬钟的日子犯了禁忌，所以都说"钟将毁"。这一段话大致也反映了古人铸钟、悬钟的三个重要环节，即钟的大小要符合当时礼制所规定的等级要求；钟的悬挂应符合一定的技术要求；悬钟的时间不能冲犯禁忌。《慎字·逸文》说："鲁庄公铸大钟，曹刿入见曰：今国褊小，而钟大，君何不图之。"说明钟的大小应当和国的大小相适应。此外，各朝文献中都有皇帝铸钟的记载，足以说明钟作为身份和地位、权利的象征，受到统治阶级的重视。如钟楼上悬挂的景云钟就得名于唐"景云"年号，其身上的铭文就是当时的睿宗皇帝亲撰。

关于鼓所具有的象征身份等级作用有明确的礼法规定。《周礼·大司马》规定："王执路鼓，侯执卉鼓，将军执晋鼓，师帅执提，旅帅执鼙（音"皮"）（古代军中的一种小鼓）鼓。"鼓显然代表了五种不同的等级，这就是钟鼓具有的特殊功能之所在。

殿堂之威

《礼记·礼器》说："庙堂之下，悬鼓在西，应鼓在东。"庙堂，是指祭祀祖先的庙堂。庙堂中的钟鼓不仅象征一种威仪，同时也可发布时间信号，具备让值事人员做好准备的实用功能。

钟不止应用于宗庙中，还被广泛布置于宫廷之中，如秦始皇"收天下兵，聚之咸阳，销以为钟镰（音'巨'，古代一种像钟的乐器）、金人十二，各重千石，置廷宫中。"汉时，未央宫殿前悬有大钟。《初学记》引西晋戴延之《西征记》说："洛阳太极殿前左右各三铜钟相对，大者三十二围，小者二十五围。博山头纽，作狮子身，镂龙虎文章。"

与钟形影不离的鼓在古代也有重要且广泛的用途。

唐代官员上朝、启闭城门、宫门以鼓声为号。《海录碎事》卷二说："唐制：日未明七刻槌一鼓为一严，侍中奏开宫殿门及城门；未明五刻槌二鼓，为再严，侍中版奏，谓中严，群官五品以上俱集朝堂；未明二刻槌三鼓，为三严，侍中，中书令以下俱诣西阁奉迎銮驾出宫，诣太极殿。"

今天的人们所熟悉"击鼓升堂"、"击鼓鸣冤"等典故皆出自古代政府衙门机构中设钟立鼓。古人把这种鼓称为"登闻鼓"、"堂鼓"。登闻鼓，《事物纪原》卷一记："昔尧置敢谏之鼓，即其始也。用下达上而施于朝，故曰登闻。"《帝王世纪》则说："（舜）都平阳，置敢谏之鼓，天下大和。"《燕翼诒谋录》卷二记载："太宗皇帝淳化三年五月辛亥，诏置理检司，以钱若水领之。其后改曰：登闻院，又置鼓于禁门外，以达下情，名曰鼓司。真宗景德四年五月戊申，诏改鼓司为登闻鼓院。"

古代不仅有击鼓鸣冤，也有击钟鸣冤之事。辽代曾设"钟院"，作为鸣冤之所。《辽史·刑法志上》："（神册）六年，仍置钟院以达民冤……保宁三年，以穆宗废钟院，穷民有冤者无所诉，故诏复之。"

由此可知，古代公堂置鼓立钟比较普遍。

攻战之令

钟鼓声音响亮，既能传得很远，也可起到鼓舞士气震慑敌人的作用，所以钟鼓也常被用于古代战争之中。《吴子·应变篇》说："鼓之则进，金之则退。"古战场上，兵士闻鼓进，听钟退。"鸣金收兵"的成语即源于此。为什么要以钟鼓作为指挥军队的信号？《孙子·军争篇》云："军政曰：言不相闻，故为之金鼓；视不相见，故为之旌旗。夫金鼓旌旗者，所以一人之耳目也。"古战场上，由于士兵们听不到军帅的说话声，所以才用钟鼓发布命令；士兵们看不到军帅的手势，就用旌旗来代替。钟鼓和旌旗就像人们的眼睛和耳朵一样。

钟鼓用于战争，不只用在两军对垒的战斗之时，也用于休战期间的戒守，平时的防卫和示警、捕盗贼等。《三国志·吴志·朱然传》说："虽世无争，每朝夕严鼓，兵在营者，咸行装就队。"至于击鼓捕盗之事，汉代长安已经有之。《演繁露·续卷五》说："张敞守京兆尹，史书其政曰：'枹鼓稀鸣，市无偷盗。'后又书其去职而盗起，则曰：'敞罢数月，京城吏民解弛，枹鼓数起。'"此时京兆已用击鼓为捕盗之节矣。

漏刻之声

当人类社会还处在比较低级的发展阶段，人们日出而作，日落而息，白天以太阳在天空中的位置来判断时间的早晚，夜间则以鸡的叫声来判别天亮的时间，所以鸡在古代也有"司晨"之名。经过很长的实践之后，古人将一昼夜分为十二个时段，并发明了"漏刻"计时的方法。漏刻也被称为"漏壶",产生于周代,是古代利用滴水的多少来计量时间的一种仪器。除了这种水漏以外,在我国古代还有以沙代水的"沙漏"。

然而漏刻不能发声,制作一套漏刻仪器不是普通百姓所能办到的。社会的发展,需要有一套传递漏刻信息的工具,于是用钟鼓报时就应运而生,在古代汉语中也就有了"钟漏"和"鼓漏"的说法。蔡邕《独断》说:"鼓以动众,钟以止众。故夜漏尽鼓鸣则起,昼漏尽钟鸣则息。"张九龄《和许给事中直夜简诸公》诗中:"未央钟漏晚,仙宇霭沈沈",都是对夜间以钟声报时的记叙。而《晋书·良吏传·邓攸》:"纮如打五鼓,鸡鸣天欲曙";韩愈《南海神庙碑》:"五鼓既作,牵牛正中,公乃盛服执笏以入即事"等,即是对击鼓报时的记录。据《新唐书·百官志》载:唐时在太子东宫设有宫门局专职负责宫门的启闭,并规定"凡夜漏尽,击漏鼓而开;夜漏上水一刻,击漏鼓而闭。"

以钟或鼓报时的做法一直延续到现代,直到改革开放以前,我国的广大农村中仍普遍采用击钟作为出工的信号。

启闭之号

钟鼓之声作为城市管理中启闭城门的信号,是我国古代城市管理制度的一大特色。

我国古代,城市中一般都实行"夜禁"制度,《夏官·掌固》有:"夜,三鼜以号戒。"《宋书·乐志》云:"鼓长二尺者曰鼜鼓。凡守备及役事则鼓之,今世谓之下鼜。"可见当时人们是用鼓声来发布夜禁信号的。《说文·壴部》说:"礼,昏鼓四通为大鼓,夜半三通为戒晨,旦明五通为发明。"这说明

夜间要击鼓三次，一是在日落之后，一是在午夜，一是在日出之前。对于城市管理来说，日落之后的鼓声就是关闭城门的信号，而日出之前的鼓声则是开启城门的信号。发布信号的鼓声要按一定的节奏和规定的点数敲击，不同时期、不同场合的要求也不尽相同。

东汉安帝时发布的《禁夜行诏》说："钟鸣漏尽，洛阳城中不得有行人。"证明当时就是以钟声作为夜禁信号。唐宋时期是以鼓声作为夜禁的号令；宋代初年也学习唐朝，在京城中实行夜禁制度，后由于商品经济的发展和社会的相对安定，曾一度取消夜禁制，"街鼓"制也随之中断，宋以后这种制度又得以恢复；元代又以钟声作为夜禁的号令。《元史·兵志》说："其夜禁之法：一更三点，钟声绝，禁行人；五更三点，钟声动，听人行。有公事急速及丧病产育之类，则不在此限。"

宗法制器

古代钟鼓有着许多重要的实用功能，与此同时，它们还被赋予了神秘的宗教色彩，成为宗教活动中的"法器"之一。

鼓声在古代民间有驱除鬼祟的作用。《演繁露》说："湖州土俗，十二月人家多设鼓而乱击之，昼夜不停，至来年正月半乃止。问其所本，无能知者。但相传，此名打耗。打耗云者言警去鬼祟也。"所谓"耗"，就是古人心目中的"虚耗"之鬼，打耗则是警鬼求福的意思。

钟、鼓在宗教中既被作为报时的工具受到重视，又被作为宗教法器看待。佛教认为，晨时鸣钟可以破除长夜，警醒睡眠；夜晚击钟则可以使人警觉昏昧，保持清醒。同时还认为，钟声可以使人破除恶念，祛除烦恼。《行事钞》说："若打钟时，一切恶道诸苦并得停止。"在佛教寺院中设有"钟头"，负责司晓、昏、斋钟、定钟四时鸣钟之职，击钟则有打钟行者为之。佛寺晨昏撞钟各一百零八下，因为佛教认为人类有一百零八种烦恼，击钟一百零八下可以破除这些烦恼。另外，也有以一百零八象征一年之说。

佛教中的鼓也被用于礼仪性的场合，供主持上堂、小参、普说、入室等用，击鼓之法有一定的规范，上堂时三通，小参时一通，普说时五下，入室时三下，皆缓击，以示威仪。此外，斋、晨、暮击法鼓成声也都有着具体的规定。所以，佛教中的鼓也有"法鼓"、"甘露鼓"之称。因此佛教寺院中设置的钟鼓，有"梵钟法鼓"之称。

五、钟鼓楼的演变

今天所常见、常说的钟鼓楼，都是指为专门悬置钟鼓而建造的独立建筑，在寺院、道观和城市中它们都是两两相对，亲若兄弟。但钟楼和鼓楼本身也有着像钟、鼓一样的起源和发展的过程。

何时有了钟楼？何时有了鼓楼？我们今天很难厘清。虽然古人很早就以钟鼓发布各种信号，但是专门建楼将钟、鼓悬置其上毕竟是另外一回事。根据史料记载，钟鼓最初是被悬置在一种特殊的架子上，这种架子是由立柱和横梁两部分组成，上面还装饰有象征某种意义的动物图形。架子的主柱称为"虡（音'巨'）"，横梁称为"簨（音'损'）"。古人也常以"虡"作为这种支架的代称。但悬挂于簨簴上的钟鼓大多都被列于殿堂之上，并未将其置于专设的楼台之中，我们今天所说的钟鼓楼大约发源于古代用于报警、或传达信号的"谯楼"。

谯楼是建在城门上的瞭望楼。颜师古解释说："谯门，谓门上为高楼以望者耳。"它的作用是便于观望敌情，发现情况后立即示警。而在古代示警信号以钟、鼓最为常见。我们今天在许多古城门上所能见到的城楼大约正是这种谯楼的延续。谯楼上置钟或置鼓既可以报警，也可以报时，所以古人有时也把鼓楼称为谯楼，有"谯楼更鼓"之说。唐时的唐彦谦《叙别》诗中写道："谯楼夜促莲花漏，树阴摇月蛟螭走"；宋代陆游《客中夜寒戏作长谣》中有："謷謷默数严谯鼓，耿耿独看幽窗灯"；明代唐寅《姑苏八咏》之六中有："谯阁更残角韵悲，客船夜半钟声度"。这些都是后世之人以谯楼来借指当时用于报时的钟楼或鼓楼的诗句。

除谯楼外，古时在边防地区没有城池的地方设有瞭望用的高楼，称为"戍楼"。戍楼和谯楼一样，不仅用于瞭望，还用于发出信号，所以古人也把戍楼的鼓声称之为"戍鼓"。北周庾信《陪驾幸终南山和宇文内史》诗中就有"戍楼鸣夕鼓，山寺响晨钟"的记叙，南朝梁刘孝绰《夕逗繁昌浦》诗中有："隔山闻戍鼓，傍浦喧棹讴"；唐杜甫《月夜忆舍弟》诗中有："戍鼓断人行，边秋一雁声。"等说的就是由戍楼上发出的鼓声。

《北史·道武帝纪》记载过，道武帝曾赴当时的京城——平城（今山西大同）的"白楼"。这个白楼究竟是什么样的楼呢？据《水经注》卷十三记载，"北魏神瑞三年（416年），又毁建白楼，楼甚高竦，加观榭于其上，表里饰以石粉，皜曜（音'浩要'，明亮的阳光）建素，赭白绮粉"，故世谓之白楼也。后置大鼓于其上，晨昏伐以千椎，为城里诸门启闭之候，谓之'戍晨鼓'也。"这个白楼建于平城的皇城南门附近，可称之为名副其实的鼓楼。

南北朝时期，一些州城中也建有鼓楼。《齐书·五行志》说："建元四年（482年），巴州城西鼓楼柏柱数百年忽生花。"

宋敏求·《春明退朝录》中记载说："京师街衢置鼓小楼上，以警昏晓。太宗时，命张公泊制坊名，列牌于楼上。按唐马周始建议设置鼕鼕鼓，惟两京有之。后北都亦有鼕鼕鼓，是则京都之制也。"宋代的街鼓制度是因循唐代而来，加之宋代的街楼很容易使人联想到唐代的六街鼓，可以推测，唐代也应有楼亭作为悬鼓之所。

在古代文献中我们还可以看到宋代时的乡村建有鼓楼的记载。宋代孔平仲著《孔氏谈苑·封置鼓楼》说："齐李崇为兖州刺史，州劫盗，崇乃村置鼓楼，楼悬一鼓。盗发之处，槌鼓乱击，诸村始闻者槌鼓一通，次闻者复挝（音"抓"）以为节，俄顷之间，声布百里，伏其险要，无不擒获。诸村置鼓楼自此始也。"

总的来看，大约到南北朝时期从京城到地方重要的城镇、村庄等为了安全防范的需要比较普遍地采用了设置瞭望楼的方法来传递信号。这些信号大多是由鼓或钟传递的，所以可以这样认为，除皇宫以外，各地方钟楼或鼓楼的发源至少可以追溯到南北朝时期，由于当时的钟楼或鼓楼的主要作用是报警或作为启闭城门的信号，并不一定要按时刻报时，所以都是单设钟楼或鼓楼，而且也多以"谯楼"、"戍楼"称之。而将钟鼓楼同时设在相应位置，作为一种固定形式则首先出现在皇宫和宗教场所之中。

古代皇宫是皇帝生活、处理朝政地方，也是文武百官上朝奏事的场所，宫中有大批的卫士和宫人，这些人都需要比较严密的管理，所以时间概念非常重要。由于计时技术的发展有一个过程，古代的计时仪器体大笨拙，

制作时费工费时成本高，不像今天的钟表人人得以用之，它首先被用于宫中，于是便出现了专门负责报时的机构。《周礼》中已经出现对这种负责计时、报时的职官的记叙。这种制度到汉代则更加完备。《汉旧仪补遗》卷下说："夜漏起宫中，宫城门击柝，系刁斗。传五夜，百官徼直符行，卫士周庐击木柝，传呼备火。""立夏、立秋昼六十二刻，夏至昼六十五刻。夜漏不尽五刻，击五鼓；夜漏不尽三刻击三鼓。"另有《汉旧仪》卷上说："丞官奴婢，传漏以起居，不击鼓"；"御史、卫尉寺在宫中，亦不鼓。"总的来看，汉代大约只是在宫中设有报时用的漏鼓，而在皇宫之外，则主要是靠"击柝"传呼以报时。"柝"也就是我们今天所说的"木梆子"，由于它体小，简便易行，在古代被广泛使用。《易·系辞下》中即有"重门击柝，以待暴客"的说法。清代李鸿章《扎孔道》说："日则梭巡，夜则击柝"，说明"击柝"之法直到清代仍被延用。在有些文献中，也说汉代宫中分别以钟鼓表示不同的时间信号，《汉官典职仪式选用》说："凡中宫漏夜尽，鼓鸣则起，钟鸣则息，"也就是早击鼓，晚鸣钟。汉代宫中虽然使用钟鼓报知时间，但当时是否已设置了专门悬置钟鼓的钟楼或鼓楼，史并无明确记载。

《南齐书·裴皇后传》说："上数游幸诸苑囿，载宫人从后车，宫内深隐，不闻端门鼓漏声，置钟于景阳楼上，宫人闻钟声早起妆饰。至今此钟唯应五鼓及三鼓也。"从这段记载中可以看出，按当时的制度，是在宫城的南门——端门置鼓，用以报时，皇后所居的后宫在北面，听不清鼓漏之声，所以才在景阳楼上置钟，随端门鼓漏而撞击，使后宫也能准确地把握时间。置于端门的鼓漏，当是在门楼之上，如果我们把南齐时宫中同设钟鼓的制度看做是宫中设置钟楼、鼓楼的发端，那么，也应当明确一点，当时的钟楼、鼓楼相距较远，并不像后来的钟鼓楼相对而置，而且有固定的位置。

古代在宫中对设钟楼、鼓楼，大约起自曹魏时代的邺都（今河北临漳）。《漳德府志·邺都宫室志》说："钟楼、鼓楼二楼在文昌殿前东西。"至隋唐时期，宫殿中采用钟楼、鼓楼对置的形式已成定制。《大业杂记》说：隋东都洛阳外朝乾阳殿廷"东南、西南各有重楼，一悬钟，一悬鼓。"据《长安志》卷六载："太极门，隋曰大兴门，贞观八年改为太极门。殿东隅有鼓楼，西隅有钟楼，贞观四年置。"这里的"殿东"和"殿西"是指"太极殿"的东西两侧。同书"含元殿"条说："殿东南有翔鸾阁，西南有栖凤阁，与殿飞阁相接。又有钟楼、鼓楼，左右有砌道盘上，谓之龙尾。"《唐两京城坊考·兴庆宫》说："（大同殿）殿前左右有钟鼓楼。天宝十载六月，钟楼钟自鸣，三度响六十下，中书门下有贺表。"这样看来，唐朝在京城长安的三大宫殿区内都设有钟鼓楼。舒元舆《御史台记》说："每朝会，监察御史二人立于东西朝堂砖道，鸡人报点，监者押百官由通乾、观象入宣政门。及班于殿廷前，则左右巡使二人分押于钟鼓楼下。"这段文字所记述的是唐代百官上朝前的情况，"钟鼓楼"指含元殿前的钟鼓楼。

自从隋唐时期在主要的宫殿前设立钟楼、鼓楼之后，这种制度就被后代的王朝所沿用。宋代的孟元老所著《东京梦华录·车驾宿大庆殿》这样描述宋代东京汴梁宫城中大庆殿的情况："有两楼对峙，谓之钟鼓楼。上有太史局生，测验刻漏，每时刻作鸡唱，鸣鼓一下。"大庆殿殿廷广阔，据说可容万人，坐落在全城的中轴线上，是宫城内最高大的建筑。北宋初期虽沿习了唐代的"街鼓"制度，早晚定时启闭城门，但由于商业发展的需要，

曾一度废除了这种制度。"街鼓"制度废除之后，城市中的人们主要靠寺院的钟声和行者打"铁牌子"或"木鱼"来掌握时间。《东京梦华录·天晓诸人入市》条说："每日交五更，诸寺院行者打铁牌子或木鱼循门报晓，亦各分地分，日间求化。诸趋朝、入市之人，闻此而起。"南宋京城临安（今杭州）与汴京（今开封）的情况大致相同。《梦粱录·天晓诸人入市》条载："每日交五更，诸山寺观已鸣钟，庵舍行者头陀，打铁板儿或木鱼儿沿街报晓，各分地分。若晴则'天色晴明'，或报'大参'，或报'四参'，或报'常朝'，或言'后殿坐'（按：这些都是指官员上朝的格局）。阴则曰：'天色阴晦'，雨则言'雨'。盖报令诸百官听公上番虞侯上名衙兵等人，及诸司上番人知之，赶趁往诸处服役耳。虽风雨霜雪，不敢缺此。每月朔望及遇节序，则沿门乞求斋粮。"从这些记载中我们也可看出，街鼓制度虽然起到了为城市居民报知早、晚的作用，但它真正的目的在于发布启闭城门的号令，而不是单纯的报时信号。

金承前制，在中都（今北京）的皇城东西长廊的南端东西两侧建有文楼和武楼，即钟楼和鼓楼，《大金国志·燕京制度》说："过门（指宣阳门）有两楼，曰文曰武。"同时，在汴京城中部州桥稍北也建有文武楼。《辍耕录·宫阙制度》解释说："钟楼，又名文楼。"古人又把鼓楼称为"齐政楼"，《洪武北平图经志书》说："鼓楼在金台坊，旧名齐政。""齐政"之名取自《尚书·尧典》："璇玑玉衡，以齐七政。"本是指靠北斗七星来确定历法、节气之义，借指鼓楼的报时功能。明代李濂在《汴京遗迹志》卷八中记述了当时仍留存的钟鼓楼："谯楼，一名鼓楼，在城内安业坊，台高三丈，上建楼，下置瓮门，通东西路。自筑建之后，敝坏不修。俗伪言，复修则有河水患，故废而弗治，号破鼓楼。嘉靖初，镇守太监吕宪排众议，复修，焕乎改观，卒无水患。""钟楼，在城内新昌坊，规制略如谯楼，而高阔宏丽过之，上悬巨钟以警昏晓。宣德中左布政使李祯复葺之。成化十六年，镇守太监蓝忠、巡抚御史李衍重修。"文后还特别说明："以上二楼非宋建，姑附于此。"此二楼若非宋建，则当是金代汴京的文武二楼。金代汴京大约是沿用宋代汴京的三重城防体系，全城由宫城、内城和外郭城三重组成，建于州桥稍北的钟鼓楼在宫城之外、内城之中。如果说这时的钟鼓楼还不算是完全走出皇宫而建于居民杂处的城市之中，那么，元大都（今北京）的钟鼓楼设置应当说是完全意义上的建于城市之中了。

元大都的鼓楼建在城中心阁稍西，楼上设有漏壶和鼓角，《析津志》说："此楼正居都城之中。"实际在略偏西处。钟楼设在鼓楼的北面，至元年间造。《析津志辑佚·古迹》说："阁阿四，檐三重，悬钟于上，声远愈闻之。"《马可·波罗行记》卷二形容这座钟楼说："城之中央有一极大宫殿，中悬大钟一口。夜间若钟鸣三下，则禁止行人。钟鸣以后除产妇和病人之需要外，无人敢通行道中。纵许行者，亦须携灯火而出。"从元代开始，钟鼓楼对置的形式开始在我国许多城市中流行，从而成为城市中的重要景观之一。

在宗教寺院中对置钟鼓楼，至少到唐代已有定制。《酉阳杂俎·寺塔记》在记述唐长安城平康坊中菩提寺的情况时说："寺之制度，钟楼在东，唯此寺缘李右座李林甫宅在东，故建钟楼于西。"也就是说寺院中的钟楼本应建在东边，建在西边是不符合规定的。我们今天所常见的寺院中的钟鼓楼都是钟楼在东，鼓楼在西，如小雁塔所在的荐福寺、大雁塔所在的慈

恩寺等都是如此。

古代设于宫中和城市中的钟鼓楼也有一定的固定位置。对唐代宫中钟鼓楼的位置的记述，宋代人有两种不同的说法，一种是《长安志》所说，"鼓楼在东，钟楼在西"，一种是《阁本太极宫图》所说"东钟、西鼓。"经今人考证，唐代宫中的钟鼓楼当是鼓楼在东，钟楼在西，与寺院制度相反。宋金时期的钟鼓楼仍按鼓东钟西配置，只有元代的情况不同。元大都中的钟楼在北，鼓楼在南，可以说是一种独特的配置形式。其实这种配置形式也不能说没有其历史渊源。南齐时在宫城端门置鼓，在景阳楼上置钟，即是鼓在南，钟在北，虽然当时可能还没有固定的钟鼓楼，但也可算作是南鼓北钟的最初形式。元代在宫中也设钟鼓楼，据《辍耕录·宫阙制度》载：大明殿"凤仪门在东庑中，……麟瑞门在西庑中，……钟楼又名文楼，在凤仪南；鼓楼，又名武楼，在麟瑞南。"也就是说，大明殿前的钟鼓楼是东钟、西鼓，与寺院制度相同。明代南京城内所建钟鼓楼仍循隋唐制度，鼓楼在东，钟楼在西；中都凤阳的钟鼓楼也是鼓楼在东，钟楼在西；山西大同的钟楼同样如此，只是在北京城，仍保留了元代鼓南、钟北的格局。西安城中的钟鼓楼最初也是鼓楼在东，钟楼在西，现在钟楼在东的格局是后来形成的。

总体来说，我国古代钟鼓楼对置的基本格局为寺院中钟楼在东，鼓楼在西；宫廷和城市中则以鼓楼在东，钟楼在西为主，只有少数位置相反，或作南北配置。这种配置形式与传统观念有关。《说文》说："鼓，郭也。春分之音，万物郭皮甲而出，故谓之鼓。从壴、支，像其手击之也。"同时，古代又有以钟为"秋分之音"的说法。在古人的观念中，春夏秋冬四季可以和东南西北四方相配，春为东，夏为南，秋为西，冬为北。在"五行"

观念中木火水金也可与东南西北四方相配，木为东，火为南，金为西，水为北。鼓多以木制腔，上蒙以皮，在五行之中当属木，又为"春分之音"，故其位在东；钟由金属制成，在五行之中应属金，又为"秋分之音"，故其位当在西。正是由于鼓楼在东，钟楼在西的配置形式与古老的传统观念吻合，所以才成为古代除宗教寺院以外，钟鼓楼配置格局的主流。元代虽然在宫中采取钟东鼓西，在都城中采取钟南鼓北的配置形式，但当时奉元城中（今西安城）的钟鼓楼仍旧是鼓楼在东、钟楼在西，由此可见这种配置形式的影响之大。

六、西安钟鼓楼

（一）西安钟楼

西安钟楼是明代建筑，始建于明洪武十七年（1384 年），位于北广济街东侧，明万历十年（1582 年）移于今址。

钟楼尽管始建于明初，但从元代李好文的《长安志图》可以看出在当时奉元城广济街东侧已有钟楼，其位置与明初建钟楼时的位置大体相当。这也是明初为何要在广济街东建钟楼的根本原因。与此同时，元代奉元城中在与今天鼓楼相当的位置上建有"敬时楼"也就是"鼓楼"，元代和今天的鼓楼均位于其处。也就是说西安城中最初钟楼在西、鼓楼在东的格局至少在元代已形成，所以明初仍循其制，或在其原址、或在其附近重建了钟鼓楼。

由于城市发展需要，西安城在明代经历了一次大规模的扩建。现存

西安城墙是明代在唐末韩建所筑"新城"（即原唐代的皇城）基础上扩建而成的。修建时南墙和西墙的位置不变，北墙和东墙的位置各向外延伸了1/4，使城内面积比原来增加了1/3。城周围共开有四门，东为长乐门，西为安定门，南为永宁门，北为安远门。今天所在的西安城有连接四面城门的四条大街，基于上述扩建方式，其中南大街和西大街明显短于北

大街和东大街，同时也说明当时的城市中街道和建筑已经形成了固定的格局。在元代的奉元城中，钟楼的位置在城西，而鼓楼在东，虽然按城市的中心来说还略偏西一些，但总体说来也还适中，这和元大都中鼓楼的位置位于城市中心略偏西的情况是相同的。明初扩建西安城，虽然将城墙向东、向北各扩展了1/4，城市面积因此扩大了1/3，但由于新扩建

的城市仍需有一个发展过程，又因为原来的城市格局已经形成，所以仍将钟鼓楼建在原来位置，可以说这样做是能够满足明初城市生活需要的。然而城市格局的改变，一定会带来许多新的变化。从明西安城自身的情况来说，到近两百年后的万历年间，钟鼓楼的位置就更加显得偏西，已不再是比较适中的位置。另一方面，由于南北、东西四个城门的位置的确定和由此而形成的四条大街成为城市中最主要的街道，并逐渐成为政府机构、商业店铺的主要集中地。终于，在明万历十年（1582年），陕西巡抚龚懋贤命咸宁、长安二县令主持钟楼整体东迁工程，并为此作《钟楼歌》一篇。

"西安钟楼，故在城西隅，徙而东，自予始。楼维筑基外，一无改创，故不废县官而工易就。无何，予告去，不及观其成。漫歌手书，付咸、长二令，备撰记者采焉。歌曰：'羌此楼兮谁厥诒，来东方兮应昌期。挹南山兮云为低，凭清渭兮衔朝羲。鸣景阳兮万籁齐，彰木德兮奠四隅。千百亿兮钟虡不移。万历十年岁在壬午，春人日，蜀内江病夫宁澹居士龚懋贤书。'"

附记：客有谓余，歌可作钟楼铭者，观铭，非予敢任也，故仍以歌名。

《钟楼歌》被镌刻于石，今嵌于钟楼一层西北角处墙上。碑石长360厘米，宽40厘米，已成为钟楼东迁的重要历史物证。《钟楼歌》记述了几个重要的史实，一是钟楼迁建的准确年代。此歌作于"万历十年（1582年）"的"春人日"，而"春人日"在古代习俗中也是一个准确的时间概念，即"正月初七"。从《钟楼歌》的内容来看，作歌之时，钟楼的迁建工程尚未全

《钟楼歌》碑刻

部结束，但也大局已定。由此可知钟楼的迁建至少开始于万历九年，或许更早一点，完工当在万历十年。其二，《钟楼歌》中说："楼维筑基外，一无改创。"也就是说除台基是迁建时新筑的以外，钟楼是整体搬迁过来的，完全按照原样，未作改动，这一点很重要，说明钟楼虽经迁移，但完全保留了明初的风格，仍应属明初建筑式样。

将钟楼由原来的位置迁于今址正是为了适应西安城市发展的自然结果，将其设于四条大街的交汇点上，虽然此处并非地理上的城市中心，但却是城市生活的中心。这样做不仅调整了原钟楼的位置明显太过偏西的格局，而且使钟楼成为当时城市中心的象征性建筑并保持这一特殊身份至今，这一点可以说是有意而为，用心良苦。

（二）西安鼓楼

西安鼓楼坐落于北院门街南端，东望钟楼。它始建于明洪武十三年（1380年），前身是元代"敬时楼"。《咸宁县志》卷四说："敬时楼即今鼓楼。""敬时"取"敬授人时"或"敬授民时"之义，即把历法告知百姓，使其知时令变化，不误农时。

明洪武十三年（1380年），当明军还在泾阳原上与元军鏖战时，朱元

璋就考虑到不能骑在马上治天下。经过血与火洗礼的西安城，百废待兴，城市建设首当其冲。司辰报时的鼓楼，就在这年首批开工。

据载，元朝时的西安城也有鼓楼，名为敬时楼。也许是战火扫平了敬时楼，或者后朝憎恨前朝遗物，总之明朝要建设新鼓楼，地址仍选择了敬

时楼原址，也就是今天北院门街南端。

研究西安地名史的葛慧先生指出，敬时楼所在之处在唐朝是最高行政首府——尚书省的玄关，即正门所在。唐时，尚书省和六部击鼓司辰，提醒官员上朝退朝。尚书省放置鼓的楼名就叫"敬时楼"，位置就在玄关一带。元代时，鼓楼的东侧是奉元路府所在地，在明代，鼓楼东侧是西安府所在地。也许各朝政府机关都很重视鼓楼的报时功能，于是鼓楼选址始终不远离地方政府所在地，而鼓楼的修建也得益于地方政府在财力上的支持。

鼓楼上一通乾隆年间的石碑《重修西安鼓楼记》续写了鼓楼的历史。

诰授资政大夫巡抚陕西等处地方赞理军务，兵部右侍郎兼都察院右副都御史鹤城张楷撰。

今上御极之三年，楷奉命移抚关中，始至今日，军旅甫息，岁不比登，民无盖藏，官无储积。乃课农功，禁糜耗，省苛口，一以休养为务。其秋，禾小稔；愈年，麦禾皆大稔。陇有赢粮，亩有遗粟，民不俟命而趋完官逋。粟百数十万，农用足而口蓄饶，男娶女嫁，礼兴讼息。于是，进有司而咨之曰："古者兴作之事，必于岁半农隙之时，今所举宜悉先？"皆曰：鼓楼久不修将坏，爰与方伯帅公念祖，计度财用，以授长安令王端集工而营之。腐者易以坚，毁者易以完，崇隆敞丽，灿然一新。登楼以望，则近而四邻万井九市百廛（音"禅"，古代平民所住的房屋），烟连尘合，既遮且富之象，毕陈于几席。远而终南太乙二华九峻，云开雾隐，献珍效灵之致，群聚于户牖。其观览之盛，可谓壮矣。而寝兴有节，禁御以时，奸匿不生，民安其居，则又为政之要务。工成之

月，楷荷恩赐御书，遂摹而奉悬于其上，俾秦民世世蒙天子之福，

以于斯楼并用于无穷也，爰勒石以纪其事。

　　乾隆五年岁庚申正月榖旦立　　　咸宁学生李允宽书①

　　现存之鼓楼自明朝初年建成，担负司辰报时、关闭城门之号作用直至清末。他经历了战争的洗礼，开放接受公众的参观。现为是西安市标志建筑之一，在新中国成为博物馆，继续着他始终如一地服务人民，教化人民的作用。

---

　　① 在当今皇上的第三年，命令我当陕西巡抚，到任的时候，战争刚结束，连年收成不好，人民缺乏住处，政府没有储蓄。我就鼓励农民抓紧耕种，禁止浪费，消减征收，主要让人民安心生产。这一年秋天，粮食收得差不多了，第二年夏秋两季又获得大丰收，田间地头，也有了遗掉下来的粮食，人民不等官吏的督促索要，就主动的交纳了赋税，男女能按时婚嫁！人们也都讲礼节了！也很少有人打官司了！在这样的情况下，我便召集官吏们说："古代凡有修建的事情，多在丰收年岁，农事闲的时候，今天应该先做什么？"大家一齐说："鼓楼不修就要坏了！"我就和布政使帅念祖估算了需要的物资，让长安县县长准备物资并负责修建，换腐朽的为坚固的，补破烂的成完整，既高且大、又宽敞、又美丽，一切光明新颖。登上这个楼，近处像四邻居民，街市巷道，烟尘时起，可见人口众多，经济也很繁荣，这些景象在这座楼上，都看得很清楚，远处像那终南山、太乙峰、太华、少华、九峻山等，在天气晴朗的时候，也好像献珍宝，显灵验，都呈现在楼的门窗外面，在这儿看见的东西，可说是既丰富，又壮丽呀！至于休息劳动也有一定的时间；禁止坏事，防御坏人也都及时，所以没有什么不好的事情发生，人民都能安居乐业，这也是搞政治的人的首要任务。在工程完毕的那一月，皇上赐御书，临摹其笔法做成牌匾悬挂在鼓楼上边，让陕西人辈辈受皇上的福恩，同这座楼一起到永恒，刻这块石碑记下这件事。

第二章 西安钟鼓楼建筑特色

一、西安钟鼓楼在城市中的空间格局

城市中设置钟鼓楼的目的主要是报时和发布起闭城门的号令。钟鼓楼从深宫中走到市民杂居的城市里，是古代社会发展的必然结果，亦注定钟鼓楼的修建要考虑城市整体布局，多选址于城市中店铺林立的闹市区。

西安老城的传统空间格局包括城市的平面形状、方位轴线以及与之相关的、继承了唐长安城的均衡对称的路网格局等，他拥有方正、完整的城墙、城河系统，正南正北的城市方位，以钟楼为中心，东、西、南、北四条大街组成的城市轴线，以及由街、巷、院、坊构成的空间层次体系。西安城中鲜明的空间轴线格局，规整的棋盘式道路所凸显的是城市的中心——钟楼。而鼓楼在钟楼的西北位置，坐落于今北院门街的南端，西与钟楼相望。伴随着城市的扩张与交通发展的影响，大多从古代遗留下来的钟鼓楼已经慢慢脱离了城市中心的地位，而仅仅作为城市轴线的节点，或是某条街道的节点。但是西安钟鼓楼不管在地理位置还

是实际生活中，都依然是城市的中心，是城市中重要的标志性建筑物。

如今，以钟楼—鼓楼一线为对角线新建了钟鼓楼广场。钟鼓楼广场位于老城中心，东、西、南、北四条商业大街交汇的十字路口的西北侧，东起钟楼盘道，西至鼓楼盘道，南沿西大街。广场基地东西长270米，南北宽95米，共计2.18公顷，它是1996年拆除钟鼓楼之间的房屋修建的，由著名建筑设计师张锦秋设计。广场设计充分突出了钟鼓楼建筑作

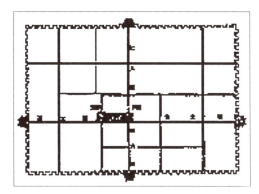

西安钟鼓楼位置示意图

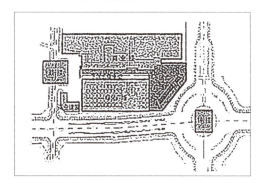

钟鼓楼广场平面图

为西安古城标志性建筑的特点，地面上建筑外形以关中传统风格为主调，大片绿化广场以"田"字格网再现了中国古代城市的基本格局，喷泉的不锈钢构架具有中国传统屋顶的轮廓线，与钟楼钻尖顶互相呼应，王朝柱造型简洁，其雕刻具有传统风韵，地下商城的主入口是现代的，但有抽象的坡顶和城墙垛口式的点缀。其他如石栏、石凳、花池、庭园灯、环境艺术照明、道路及广场铺装等也在基调统一和谐的前提下被赋于一定新意，整个广场以钟鼓楼的建筑形象为主体，营造出了一个完整的、富有历史内涵

钟鼓楼广场鸟瞰图

而又面向未来的城市空间。

　　钟鼓楼广场及地下工程是一项古迹保护与旧城更新的综合性工程，包括绿化广场、下沉式广场、下沉式商业街、地下商城、商业楼。设计力求突出钟楼的古建筑形象，沿着"晨钟暮鼓"这一主题向古今双向延伸。在空间处理上吸取了中国传统的空间组景经验，与现代城市规划外部空间的

理论相结合，组织了地上、地下、室内、室外融为一体的多层次空间。同时，广场改善了市中心的交通状况特别是解决了人车分流的问题，以广场为中心，南接南大街、书院门、碑林，北至北院门，连同地下通道共同组成一个步行系统。

西安钟鼓楼广场在传统的基调上融入了现代化气息，通过鲜明的主题特征来创造传统而富有现代气息的文化环境，发展了现代商业，又保持了传统风貌。历史遗存建筑传承了悠久的文化，是人类精神世界的源泉，钟、鼓二楼交相辉映的城市特色为人们提供了时空的连续感，令人们对此地段的过往心驰神往，体现出西安古都的文化特色。

历经几百年的风风雨雨，西安鼓楼南面、东面、西面三面的传统民居、古老街道和官府衙门不断被拆除直至永远消失，使过去威震八方的鼓楼倍显孤独和寂寞；在周围，现代高楼大厦的林立包围与不断涌现，又使得昔日高大巍峨的鼓楼显的低矮古旧，钟楼也犹如高楼大厦中间的一个盆景。600多年后的人们似乎要用钢筋混凝土的高楼与600多年前古人的木结构建筑一争高下。

二、西安钟楼的建筑特色

西安钟楼整体以砖木结构为主，从下至上依次为基座、楼体及宝顶三部分。楼体为木质结构，深、广各三间，系"重檐三滴水"、"四角攒顶"建筑形式。自地面至宝顶通高36米，面积1377.64平方米。在形制与规模上，西安钟楼仅次于北京钟楼；在建筑风格方面，西安钟楼为七垂脊兽，绿色琉璃顶，还有一些描金饰龙的彩画。这种形制、规模与风格均有浓厚

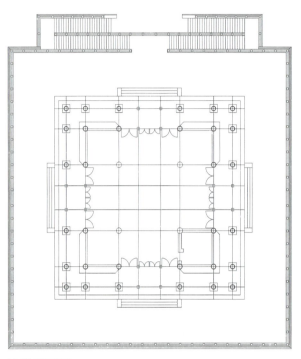

钟楼平面图

的皇家色彩，整体呈典型明代建筑艺术风格。

（一）形制

1.基座

钟楼基座为正方形，边长35.5米，全部用青砖、白灰砌筑而成，高8.6米，基座四面正中各有高宽均为6米的十字交叉券形门洞，过去与东南西北四条大街相通，人流车流从券洞涌过。后来随着城市建设的发展，券洞已经无法适应交通流量的需要，现在已经封闭保护，围绕着钟楼修建了盘道，钟楼成为环形岛。

2.楼身

钟楼的楼身为正方形木质结构，四面均为五开间，每边长22米，高26米，环以回廊，上下共两层，出檐三层。由砖台阶踏步上至基座的平台后进入一层大厅，大厅四面有门，周为平台，顶有方格彩绘藻井。由一层大厅内东南角的扶梯，可盘旋登上四面有木格窗门和直通外面回廊的二层大厅。

钟楼主体属穿斗式木结构，主要由中心4根、周围12根圆柱承重，柱下端通过柱脚石搁在砖土基座上，上端则分别延伸到各自对应的屋顶处。

圆柱之间由高跨比大的梁连接，梁与柱桦头结合。基座上的木楼阁由四面空透的圆柱回廊和迭起的飞檐等组成，外部高 27 米的重檐三滴水攒尖顶不仅增强了建筑物的美感，而且缓和了雨水顺檐下落时对建筑的冲击力。这样的结构其实是高大建筑中解决雨水下落，分层缓冲而保护建筑的科学设计。

钟楼墙体高大，楼体方正，四角攒尖顶与明城墙形成十分协调美观的建筑群。钟楼的楹梁之端用斗拱连接。斗拱是中国古代建筑重要的构件，是框架式木结构建筑中独有的一种构件，这种构件既有支撑、荷载梁架的作用，又兼顾装饰的作用。此外，斗拱的多少也显示出建筑物的等级和规格。

钟楼在建造的过程中，梁柱间均以榫卯连接，为全木质结构，没有使用一

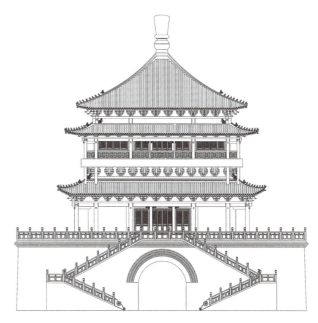

钟楼立面图

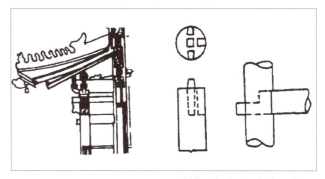

钟楼梁柱榫卯连接示意图

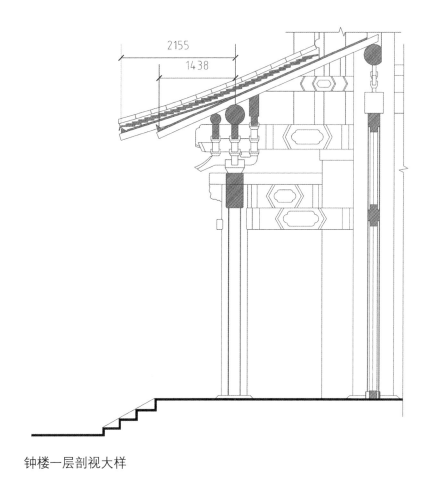

钟楼一层剖视大样

枚铁钉。设计者科学地使用了楼台四面拱券中心悬空式,把钟楼的重心放在楼体及平台的四角,使其更显个性和特色,而且稳固耐久。

3. 屋顶

屋顶是古代建筑造型中最主要的部分,屋顶一般呈曲线,由不同形式

的梁架结构组成。重要的建筑都以斗拱挑出檐口，在屋檐转角处形成翼角起翘，这也是中国古代建筑最有表现力的部分。钟楼屋顶为四角攒尖式，按对角线构筑四条垂脊，从檐角到楼顶逐渐收分，使得金顶稳重庄严，在微翘的屋檐上覆盖有深绿色琉璃瓦。屋顶四角起翘、直冲云天，如飞鸟展翅。硕大的屋顶经过曲面、起翘的处理，丝毫没有笨重感，绚丽的装饰更使其极富艺术情趣。

钟楼的顶尖部为真金铂包裹木质内心的"金顶"，高2米，金碧辉煌，成为钟楼结构中和谐美观的一部分。

钟楼金顶

（二）装饰

1.浮雕

西安钟楼四面的彩枋细窗之间均为红漆大门，门扇槅窗雕镂精美繁复，门窗上的64副浮雕内容取自民间故事和神话传说，表现出明清盛行的装饰艺术。其高超的雕工、镶嵌技术中传递出浓厚的文化气息，充满知识趣味，让每一位游人在感受工艺之美的同时徜徉于传统文化中。

钟楼浮雕由第一层北门起，自西向东依次为虬髯客、木兰从军、文姬归汉、吹箫引凤、红叶题诗、班昭读书、博浪沙椎秦、唱筹量沙；由第一层东门起，自北向南依次为长生殿盟誓、连环计、黠鼠夜扰、挂角读书、卞庄刺虎、嫦娥奔月、东坡题壁、李白邀月；由第一层南门起，自东向西依次为文王访贤、伯牙鼓琴、画龙点睛、斩蛇起兵、伯乐相马、柳毅传书、舜耕历山、把桥授书；由第一层西门起，自南向北依次为枕戈待旦、李陵兵困、由基射猿、龙友颂鸡、黄耳传书、孙期放豚、陶侃运砖。

第二层从南门起，自东向西是八幅"八仙过海，各显神通"内容浮雕，依次为钟离权、张果老、吕洞宾、曹国舅、铁拐李、蓝采和、韩湘子和何仙姑；第二层从北门起，自西向东共八幅"八仙醉酒"，依次仍为钟离权、张果老、吕洞宾、曹国舅、铁拐李、

虬髯客

蓝采和、韩湘子和何仙姑；第二层由东门起，自北向南依次为单刀赴会、击鼓金山、岳母刺字、孟母择邻、子路负米、画荻教子、温娇绝裾、闻鸡起舞；第二层由西门起，自南向北依次是写经换鹅、茂叔爱莲、灞桥折柳、踏雪寻梅、陶潜爱菊、寻隐不遇和孤山放鹤。

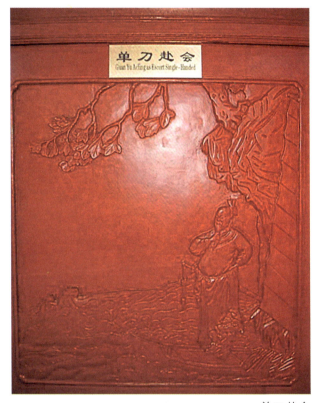

单刀赴会

2. 彩绘

使用色彩是中国古代建筑装饰最突出的特点之一，彩绘也根据民族和地区的不同形成各式各样的艺术手法，它的卓越成就是建筑的艺术要求与保护木材要求相结合而发展形成的。在等级制度森严的封建社会中，色彩的使用也有着严格的限制，如宋代有"凡庶人家，不得施五色文彩为饰"，明代有"庶民居舍，不许饰彩色"的规定，因此只有宫殿，坛庙和府邸建筑才能施用这种金碧辉煌的色彩，一般居民住宅因受等级制度及经济条件

钟楼室内彩绘

钟楼藻井

所限，多用白墙、灰瓦和粟、黑、黑绿等色的梁、柱装修，形成秀丽淡雅的格调，与居住环境所要求的气氛相协调。钟楼的红柱、绿瓦，以及色彩艳丽的彩画，体现了当时钟楼在封建统治者心中崇高地位。

特别值得一提的是，钟楼大厅百余幅天花、藻井组成了一副以藻井为中心，184幅内容各异的花卉图案层叠围绕，名为"霞光万道"的彩绘群，淡雅的水仙、傲雪的梅花、高洁的荷花、富贵的海棠，就是在这样小小的四方之间一年四季竞相争艳。古代画师们将自己对生活的渴望，对美的追求化作灿烂的七彩，给这座建筑增添了无限审美情趣。

3. 景云钟

古时钟楼的主要功能是报时。西安钟楼上原用于报时的大钟铸于唐睿宗景云二年（711年），名曰"景云钟"，高247厘米，腹围486厘米，口径165厘米，重6吨。钟体用铜锡合金铸成，铸造时分为5段，共26块铸模，钟体可见铸模痕迹。钟形上锐下侈，口为六角弧形。钟身有可调节音律的"蒲牢"形钟乳32枚，钟声纯美优雅，清脆洪亮。钟身周围铸有纹饰，自上而下分为3层，每层用蔓草纹带分为6格，共18格。格内分别铸有飞天、翔鹤、走狮、腾龙、朱雀、独角独腿牛等图案，四角各有4朵祥云，显得生动别致。钟身正面有骈体铭文一段，由唐睿宗李旦亲自撰文并书写。

景云钟造型浑厚，音律准确，纹饰精美，铸造工艺高超，反映了唐代冶铸技术的高超水平。这口钟还有着不同凡响的"三绝"。

第一绝：时代久，形体大。从711年铸成到今天，"景云钟"已有1200多年的历史了，虽说我国的铸钟史可追溯到春秋时代，但能保留至今的唐代大钟也实为罕见，除现收藏在日本的一口于575年铸造的陈太建佛钟外，"景云钟"可称得上是国内的钟之元魁了。这样巨大的形体，采用的是"多范铸法"。它将铸模分为5段，共26块模，一次浇铸而成，技巧娴熟，浑然天成，体现了我国古代工匠高超的铸造艺术。

第二绝：纹饰美，声音亮。唐朝的绘画、雕塑艺术是我国美术史上的一座高峰，是国富民强的一代盛世的艺术体现，飘逸出博大精深、欢乐祥和的艺术气氛。景云钟周身的纹饰，正具体表现了它的特征和艺术的完美。它的钟纽铸成"蒲劳"形，据传"蒲劳"是龙子，生性活泼，爱嘶音大叫，

唐景云钟

景云钟精美纹饰

于是人们就投其所好，让它伏在钟上，翻腾嘶叫，成其之美。

钟面饰有八棱花瓣和龙、凤、鹤、狮、独角牛，以及飞天、彩云、蔓草等纹饰，画面前后顺序排列有致，首尾相接，分别代表着道教法规、富贵权势、天上人间、现世未来，是集福、权、贵为一体的宗教纹饰画，花纹线条流畅、丰腴、大有"吴带当风"之意境。且不提龙凤纹饰的威严，单说那飘荡在彩云间舞姿婀娜、欢乐祥和的小仙飞天，那寓动于静的形态，那迎风飞扬的丝带，那俊眉秀目的精塑，那纤纤细指拨弦调乐的和谐，处处流淌出唐代艺术的精美绝伦，显现出唐代工匠们娴熟自如地驾驭工艺技巧的能力。

景云钟铸造结构合理，原料铜、锡搭配科学，因而音质清纯、响亮、悠扬，一经撞响，便使"齐空尽日闻钟梵"了。更令人惊叹不已的是，景云钟历

数千年沧桑，其声居然不喑，依然荡漾着明亮欢乐的钟声。1964年，在日本举行的世界名钟评选中，景云钟用它欢畅高亢的金石之声，赢得了"世界名钟"的桂冠。

第三绝：唐睿宗李旦亲书御文。据查考，唐睿宗李旦的真迹共有三处：孔子庙堂碑、顺陵碑和景云钟铭文。孔子庙堂碑于五代时重刻，顺陵碑毁于明万历年间的陕西大地震，所以，如今真迹仅存景云钟铭文一处，为研究书法史者所珍视，其珍贵是不言而喻的。该御书共有18行，每行17字，空格14字，共292字，骈体文，内容是宣扬道教教义，阐述景龙观的来历、景云钟的制作经过以及对钟的赞扬，沉郁古奥。书体尚有八分遗意，正书中往往杂出篆体，是今天研究唐代文学和书法的一件

景云钟铭文

西安钟楼上悬挂的景云钟复制品

珍贵的历史资料。铭文称誉景云钟为"美观、大雅的铜钟，声音洪亮悦耳，风越猛烈，声越急速，霜越浓重，声越清晰，确是珍宝"。这赞语经历了千百年历史风雨的验证，恰到好处地表现出了它的真实性和科学性，成为不朽的箴言。

民国初年，景云钟被送至亮宝楼（今西大街省图书馆）保管，使得钟、楼分离。新中国成立以后，为了妥善地保护好这件国宝，景云钟被移至陕西省博物馆收藏。西安市文物管理局仿制了唐景云钟，于1997年1月30日将其悬挂于西安钟楼基座的西北角，并对游客开放。仿制的景云钟外观与原钟近似，通高2.45米，重6.5吨，钟裙外径1.65米，纹饰、铭文酷似原钟，音质嘹亮雄浑，可与原钟媲美。

三、西安鼓楼的建筑特色

（一）形制

鼓楼为长方形砖木结构建筑，建筑面积 1804 平方米，占地面积 1998.8 平方米。鼓楼也是由基座、楼身、楼顶三部分组成，通高 34 米。

1. 基座

鼓楼和钟楼一样，建于高大的台基之上，其平面作长方形。鼓楼的高台砖基座东西长 52.6 米，南北宽 38 米，高 7.7 米，大于钟楼的台基，但稍低一些。台基下辟有高和宽均为 6 米的南北向券洞式门，连通北院门和西大街，至今仍是一条重要的交通要道。

西安鼓楼立面平面

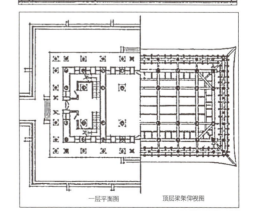

一层平面图　　　　顶层梁架仰视图

2. 楼身

鼓楼的木制楼身建于基座的中心之上，是长方形梁架式楼阁，面阔七间，进深三间，四周设有回廊，建筑结构采用重檐三滴水式、琉璃瓦屋顶。楼体分为上下两层，重檐三层，是梁架式楼阁建筑。

20 世纪 50 年代鼓楼南面照片

第一层楼身上置腰檐和平座，第二层楼为重檐歇山顶，上覆绿色琉璃瓦。楼的外檐和平座都装饰斗拱，使楼的整体显得层次分明、华丽秀美。

（二）装饰

1. 两块巨匾

清代，在鼓楼南北两面楼檐下，各悬有一块巨大的蓝底金字木匾额，宽近 8 米、高 3 米、四边厚 10 余厘米，中间木板略薄，也达 7~8 厘米，每块匾的重量足有 3 吨。其上字大盈间，最大的字高 1.9 米，最小的字也有 1.5 米左右，百米之外，清晰可见。朝南的正面匾文是"文武盛地"，系

清乾隆五年（1740年）重修鼓楼竣工后所挂，为当时陕西巡抚张楷在重修此楼竣工后，摹写乾隆的"御笔"而成。北面的"声闻于天"四个大字相传为咸宁李允宽所书。

这两块匾牌，对鼓楼起到画龙点睛的作用，首先，它们从内涵上说明

鼓楼两块大匾

了鼓楼所在的地理位置和历史，其次在外观上美化了鼓楼，给鼓楼增添了生气，成为西安人文景观之一。可惜这两块匾毁于"文化大革命"期间。为了全面恢复鼓楼旧日风采，文物管理部门按照原存历史资料原字原样仿制了新匾，新的匾牌每块重量约800公斤，于2005年"五一"悬挂归位，恢复空缺了40个年头的匾牌。

2. 大鼓

鼓是鼓楼的灵魂，是鼓楼存在的意义。鼓楼上原用于报时的大鼓因年代久远早已腐朽毁坏不能使用，为进一步开发和利用文物资源，促进文化旅游事业的发展，恢复"晨钟暮鼓"文化，政府于1996年用整张优质牛皮将其重制。新仿制的大鼓现置于楼东，鼓高1.8米，鼓面直径2.83米，鼓腹直径3.43米，重1.5吨，重击之下声闻十里，是当今中国最大的鼓，仍以旧名"闻天鼓"为名。同时，政府还

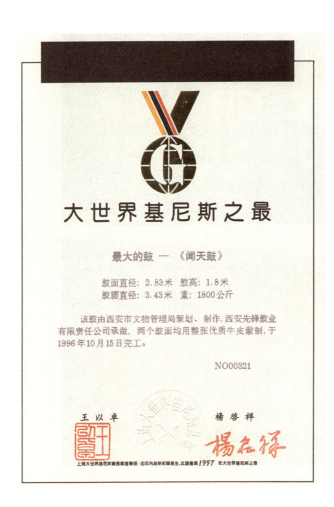

闻天鼓

鼓楼二十四节气鼓

出资制作了二十四面节气鼓置于鼓楼之上，让鼓楼魂重归，成为名副其实的鼓楼。

四、现存明初建筑之典范

（一）高规格

西安钟鼓楼在我国现存的城市钟鼓楼中以气势宏伟、构筑精巧、色彩艳丽著称。在古代，房屋殿堂的建筑规模、形式、彩绘等都被列入等级制度中。如明代曾规定，一、二品官员的厅堂为五间九架，三品至五品官员的厅堂为五间七架，六品至九品官员的厅堂为三间七架，而普通百姓的厅堂不能超过三间五架，而且不得用斗拱，饰彩色。古代屋顶被分为庑殿、歇山、悬山、攒尖和圆囤等五个等级。重檐屋顶被视为表示身份地位的重要标志，一般只有皇宫王府和一些宗教性建筑中使用。在重檐顶中又以重檐庑殿顶等级最高。重檐歇山顶次之，重檐攒尖顶又次之。西安鼓楼为重檐歇山式顶，与北京故宫中保和殿相类。西安钟楼为重檐攒尖顶，与故宫里的中和殿形式相同。由此可见，西安钟鼓楼的建筑等级是很高的，具有一定的皇家风范。这也说明，西安当时虽然已不是京城所在，但它在政治、军事上的重要地位仍是其他城市所不能取代的。西安钟鼓楼的建筑形式和规模，体现了明代统治者对这座西北重镇的重视和对西安钟鼓楼本身的重视。

钟楼室内梁架图

鼓楼室内梁架图

（二） 严承法式

正因为西安钟鼓楼是按较高的规格来修建的，这就决定了它们构筑精良的基本特点。木构框架式结构作为中国古代建筑的传统形式经过几千年的发展到了唐宋时期已经相当成熟，宋代已经形成了固定的"营造法式"，明代继承了前代的成就，使建筑本身在庄重中透出更多的华丽。西安钟鼓楼不同于寺院中钟鼓楼外形雷同的风格，钟楼平面为正方形，鼓楼平面为长方形，屋顶也采用不同的式样，这种变化使两楼各具特点，相映生辉。两楼都建于高大的台基之上，使原本就已高大的建筑显得更加雄伟壮观；在二层上又设有回廊，登临其上远可望终南秀色，近可观城市风物，可谓城中登高望远的绝佳处所。

（三） 整体之美

钟鼓楼本身无论是从外形或结构上都可称得上是明初建筑的典范。远观屋檐重叠，上挑犹如大鹏展翅；近观斗拱叠错，仿若力士擎天。阳光下的红柱绿瓦灿灿生辉，别有一番醉人的景色。置身楼中，梁柱交织，榫卯相扣，不费一钉一铁，令人叹若天工。楼之内外，饰以彩画，艳丽明快，配置有序，虽繁缛而不杂乱，使人赏心悦目。钟楼内的天花、藻井方圆结合，动静相应，圆形藻井流光溢彩，似霞光万道，184 幅方块结构的花卉图案围绕周边，高雅别致，如百花争艳。实可谓是明代建筑艺术珍品。

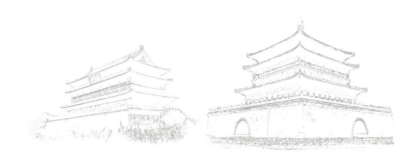

第三章　西安钟鼓楼维修管理的变迁

一、西安钟鼓楼保护维修历史

　　西安钟鼓楼建成至今已有六百余年，期间的风霜雨雪、地动山摇、战火硝烟，这一对城市巨人也见证了各种酸甜苦辣、悲欢离合。

维修中的钟楼

钟鼓楼

钟楼于明朝初年建成，万历年间迁于今址，清乾隆五年（1740年）重修。民国时期，钟楼上曾驻扎军队，楼下的四个门洞也被封闭起来作为临时监狱。鎏金宝顶上的铜叶还曾被人揭去盗卖，钟楼建筑本身严重损坏。

鼓楼的经历与钟楼大致相同，但未曾迁址。清康熙三十八年（1699年）和乾隆五年（1740年）进行过两次较大规模的维修，抗战时期由于日军飞机轰炸，一根横梁被炸断，加之长期有军队驻扎，鼓楼破败不堪。

1953年至1958年，人民政府曾两次拨款对钟鼓楼进行大规模维修，其间加固了钟楼的台基，拆换了楼梯、地板和部分柱子，增添了栏杆，翻修了全部门窗。对楼内外进行粉刷油漆，并按照原样装置了鎏金顶并增置了避雷设施。1980年至1985年，陕西省文物局又拨出40多万元专款，对钟楼的基座进行了加固，更换了全部屋面的琉璃瓦、糟朽木柱，并重新油漆。近年又更换了钟楼宝顶。

维修中的鼓楼

鼓楼经 20 世纪 50 年代维修之后至 20 世纪 80 年代，陕西省文物局再次拨款 18 万元，对台基基座、海墁、散水以及部分屋面进行了加固维修。20 世纪 90 年代又对鼓楼进行了部分维修，对原有的彩画进行了清洗、加固处理，使之焕然一新。

新中国成立以后，由于政府的重视和人民的爱护，西安钟鼓楼得到了精心照料，小型的保护、维修工程随时都在进行，不仅使这一对城市巨人恢复了昔日的风采，而且使之在现代城市中更加显得别有一番情趣。

由于西安钟鼓楼的重要价值，加之各级政府对钟鼓楼保护工作的高度重视，早在 1956 年，钟鼓楼就分别被列为陕西省重点文物保护单位，1996 年，又被国务院公布为全国重点文物保护单位。今天的钟鼓楼已成为古城西安标志性建筑之一，是西安人民可以向世人夸耀的"家宝"。

二、钟鼓楼管理机构的变迁

钟楼和鼓楼建成后，数百年历经风雨，依然昂首屹立，见证了历史的变迁和兴衰的交替。然而在封建社会，历朝并没有设立专门的机构对其进行日常的管理和保护。历史上对钟鼓楼的几次修缮均由官方倡导和民间集资合力完成，并撰碑刻以示纪念。

王朝的更迭，民主的觉醒，社会的进步，都没能随之建立起一个能够针对钟鼓楼进行保护修复和管理的机构，钟鼓楼的命运也随着中国国情的起伏而跌宕，只能交于流水般的势力恣意使用。

清末西安城的"消防驻在所"曾驻于鼓楼。北洋政府时期，鼓楼依然是战场。曾有一次，两派军阀部队分别占据了鼓楼、钟楼，互相开枪射击，对钟鼓楼造成了极大的损坏。

辛亥革命时，新军中一标三营督队官钱鼎率部占领了城内制高点之一的鼓楼，并派人通知在北教场陆军中学的队长马晋三迅速组织学生队占领藩台衙门，保护藩库，使库存的七十多万两银子未受损失。

20世纪三、四十年代，国民政府西安宪兵营住进鼓楼，不许市民上楼。在老西安人的印象里，与那时从西安西郊机场进城横冲直撞的美国航空兵不同，这些白手套绿钢盔装扮的冷面宪兵一下鼓楼，就列队整齐行走，纠察违纪国军、警察和美国大兵。大概因为他们严格遵纪守法吧，鼓楼才没有遭受宪兵营的过多蹂躏。

直到新中国成立前，地方政府才针对钟楼和鼓楼的管理和维护设立了相应的机构。根据文献资料记录，民国时期，钟鼓楼的日常维修由"民国西安市市政工程处"负责和管理。具体的项目包括对钟楼和鼓楼木构件描金彩绘的保护和修复，更换楼上窗户的玻璃之类的小工程，所有涉及钟鼓楼的修缮工程都由"市政工程处"向社会公开招标，价廉质优者中标。根据记录，中标的公司多为西安本地久负盛名的老字号，如永盛和等，此外还有一些"国字号"企业参与竞标，工程完毕后由"市政工程处"负责

验收。工程计划的批准和工程经费的拨付由"民国陕西省建设厅"管理和审批。

新中国成立以后，党和政府十分重视对文物古迹的保护。西安的钟楼、鼓楼均被国务院公布为第四批全国重点文物保护单位。同时西安市人民政府成立了专门的钟鼓楼管理机构。1953年，当时的西安市文化局从市城建局手中接管钟楼鼓楼后就开始了迎接市民参观的准备。同年，西安市设立了西安鼓楼陈列馆，专门针对钟鼓楼进行管理。1957年，在此前的基础上成立西安市钟鼓楼保管所，主要负责西安钟楼鼓楼的日常维护维修、安全保卫和参观接待。

改革开放后，西安钟鼓楼保管所进一步发挥了它的职能和作用，向来自世界各地的游客宣传展示钟鼓楼的独特魅力和悠久历史，使钟鼓楼在中外文化交流的过程中成为西安市的主要象征形象，扩大了西安作为旅游目的地的国际知名度和美誉度。

2008年，基于西安旅游事业的发展和钟鼓楼管理业务拓展的需要，西安市钟鼓楼保管所加挂"西安市钟鼓楼博物馆"的牌子，强化了藏品征集、陈列展览和社会宣传教育职能。

目前西安市钟鼓楼博物馆属事业单位，上级主管部门为西安市文物局，共有职工68人。作为专业管理机构，西安市钟鼓楼博物馆的主要职责是贯彻落实"保护为主、抢救第一、合理利用、加强管理"的文物工作方针，具体承担以下工作任务：一、承担钟鼓楼的日常保护，文物的监测，记录，适时提出保护、维修方案；二、承担文物的安全保护，主要内容是每天24小时的安全保护，防火、防暴、防盗等安保任务；三、承担日常管理和对外开放的接待工作；四、承担对钟楼、鼓楼历史及建筑的研究和文化传播工作，不断挖掘文物内涵，更合理地整合、利用有限资源，为社会推出更多的旅游项目和服务。据统计，每年西安钟鼓楼要接待 50 万人次以上的中外游客，这需要管理者既要保护好文物和传播好历史文化知识，同时还要为中外游客提供清洁、优雅的旅游环境和一系列尽可能周到的服务。

截至目前，西安钟鼓楼博物馆总面积 6113 平方米，藏有字画、瓷器、明清家具、景泰蓝、漆器等多种类型的藏品共计 400 余件（套）。

近年来，西安钟鼓楼博物馆秉承服务社会的宗旨，依托文物资源优势，推出了"晨钟暮鼓大型仿古仪仗表演"、"仿秦乐府编钟表演"、"中国鼓文化表演"和"馆藏文物精品展"、"清式家具珍品展"、"中国鼓文化展"等以钟鼓文化为特色的基本陈列和表演活动，同时相继举办了具有独特历史背景和文化价值的"西汉美酒展"、"于右任书画精品展"、"柴窑文化研究展"、"中国古钟精品展"等数十次特展，引起了社会的强烈反响。

第四章　西安钟鼓楼博物馆建设

西安市钟鼓楼博物馆是西安钟楼、鼓楼的专门管理机构，属于古建筑类博物馆。博物馆成立于1953年，其前身为西安鼓楼陈列馆，1957年成立西安市钟鼓楼保管所，主要负责西安钟楼鼓楼的日常维护维修、安全保卫和参观接待，2008年业务拓展，加挂西安市钟鼓楼博物馆牌子，强化了藏品征集、陈列展览和社会宣传教育职能。

一、馆藏文物与陈列展览

钟鼓楼博物馆最基础的藏品是景云钟以及碑刻。由于钟楼条件限制，为了确保文物的安全，1953年景云钟真品移藏至西安碑林博物馆，现陈列于碑林二门里东亭内。后西安市文物局仿制了景云钟，1997年1月30日将其悬挂于西安钟楼基座的西北角，并对游客开放。

西安钟楼一层大厅的西墙上分别镶嵌着三方碑刻，第一方是1953年西安市人民政府翻修钟楼后留下的碑文记载；第二方是清乾隆五年大修后由陕西巡抚张楷书写的《重修西安钟楼记》碑；第三方是由陕西监察御使龚懋贤在钟楼东迁后亲笔提写的《钟楼东迁歌》碑。

钟鼓楼博物馆自 2008 年加挂博物馆牌子以来，更加注重藏品征集的功能，经多年收集，现有藏品 458 件（套）（其中二级文物 18 件，三级文物 59 件），包括齐白石字画、瓷器、明清家具和鼓藏品等。近年来，西安钟鼓楼博物馆秉承服务社会的宗旨，依托馆藏文物资源优势，推出了"馆藏文物精品展"、"清式家具珍品展"、"中国鼓文化展"等以钟鼓文化为特色的基本陈列以及许多主题鲜明、文化气氛浓郁的特展。此外，钟鼓楼博物馆定期举行"晨钟暮鼓"仿古仪仗表演、仿秦乐府编钟表演和中国鼓文化表演。

（一）瓷器、齐白石字画

西安鼓楼现藏有字画、瓷器、明清家具、景泰蓝、漆器等多种类型的藏品共计 400 余件（套）。

　　鼓楼所藏瓷器主要有绣墩、青花缠枝莲纹贯耳瓶、青花山水人物瓶。另有景泰蓝、漆器及其他杂件，如凤凰牡丹雕漆果盒、古琴、雕漆博古插屏等。此外，钟鼓楼博物馆珍藏有十二幅齐白石字画，出于对齐白石先生和其艺术成就的崇高敬仰，1953年博物馆前身"鼓楼陈列馆"筹备开馆之时，几经周折，得周恩来总理相助，求得齐白石先生专为鼓楼陈列馆创作了十一幅珍品，分别为《墨虾》、《牵牛花》、《芦苇螃蟹》、《枇杷图》、《芭蕉青蛙》、《鹌鹑与雁来红》、《棕榈小鸡》、《红梅喜鹊》、《松荫图》、《夏荷鸳鸯》及一副篆书对联。其尺幅之大、题材之丰、运笔之辣、设色之雅、构图之精、用印之讲究，无不使人一饱眼福，叹为观止。

　　如此之多的齐白石作品集中在一处并常年陈列，在全国亦不多见。驻足在这些平日难得一见的大师真迹前慢慢地读、细细地品，白石老人大写意花鸟的风格及其独创的红花墨叶一路画风展现得淋漓尽致。这些作品落款皆为 1953 年（农历癸巳年），即均为老人 93 岁时所作。其用笔设色长线大点酣畅痛快，实可谓人画俱老，不遵法度却暗与法合的快意之作。

纵观陈列于钟楼上白石老人的 12 幅精妙之作，其画面落款署名有白石、白石老人、三百石印翁、百砚楼头旧主人、杏子坞老人、星塘后人白石、南衡旧叟等，用印有白石、大匠之门、寄萍堂、齐白石、借山翁、甀屋、悔乌堂、齐璜之印等，透过这些丰富多彩的署名和印章，我们对白石老人

齐白石作品

由木匠而画师，而知名画家，而中国画大师的独特历程即可窥见一斑。

这些艺术珍品的展出，为古老建筑增添了无穷的文化魅力和靓丽色彩，也为游者提供了难得的欣赏机会。

（二）鼓文化展览

鼓是中国最古老的乐器之一。在几千年的中国历史舞台上，鼓不仅是一种乐器，而且是一种文化，从春秋战国时期的"一鼓作气，再而衰，三而竭"到秦汉的"鼓乐齐鸣"，隋唐时期的"晨钟暮鼓"，再到延安时期的"安塞腰鼓"等等，鼓文化已经成为一种普遍而极具特色的文化现象，构成了华夏文明的重要组成部分。

迄今为止，在中国存在过各式各样的鼓，到处可闻振奋人心的鼓声。目前常见的鼓已经多达五十多种，而这些鼓的演奏技法和千姿百态的形式无法计数，鼓的种种文化信息更犹如浩瀚汪洋，汗牛充栋。而"鼓"作为一种文化的载体，越来越强烈地吸引人们去认识它、研究它。鉴于钟鼓楼博物馆特有的鼓文化渊源，博物馆长期设有鼓文化展览，展现我国悠久的鼓文化历史。

鼓文化展览中除常见的鼓以外，诸多形态各异，富有民族特色、历史内涵和不同功用的鼓，让整个鼓文化展览生动丰富，吸引了许多游客。

鼍鼓，木制，上蒙鳄鱼皮。

铜鼓在古代常用于战争中指挥军队进退，也常

鼍鼓

用于宴会、乐舞中，是一种流行于广西、广东、云南、贵州、四川、湖南等地区少数民族之间的打击乐器，在越南、老挝、缅甸和泰国甚至印度尼西亚诸岛也有流传。

跨鼓、腰鼓是系于腰间的一种长圆形的小鼓，且行且击，能演奏诸种鼓调。

铜鼓

跨鼓

安塞腰鼓

毛员鼓

毛员鼓是一种双面拍打的腰鼓，其演奏方法与和鼓大致相同，但鼓身比和鼓略短。唐乐中多见龟兹乐使用。

铃鼓又称"手鼓"，是维吾尔、朝鲜、乌孜别克、塔吉克等族的打

铃鼓

击乐器，流行于新疆维吾尔自治区及吉林延边等地，鼓框木制，单面蒙皮，有大、中、小三种，无论在民间舞蹈或乐队伴奏中，铃鼓都是一种色彩性很强的节奏打击乐器，可用作伴奏、伴舞和伴歌，节奏自由，任凭演奏者即兴发挥。

鼗（音"淘"）鼓，摇奏膜鸣乐器，长柄，鼓身两旁缀灵活小耳，执柄摇动时，两耳槌甩击鼓面发音，故又称"两耳鼓"、"拨浪鼓"、"摇鼓儿"、"梢子"。有的鼗鼓由两至四个叠置于一根手柄，称"串鼓儿"。鼗鼓多为历代宫廷使用，民间也广为流传。

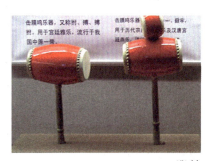

鼗鼓

瑶族长鼓

瑶族长鼓又称花鼓，因鼓身细长而得名。瑶族拍击膜鸣乐器。瑶语称"郭咚郭"、"槁"。于宋代已流传，当时称"铙鼓"或"铳鼓"，明清两代仍以"铙鼓"为名，至今有的瑶寨还将长鼓叫作"铙鼓"。它流行于广西壮族自治区金秀瑶族自治县、广东省连南瑶族自治县及湘、桂、粤毗邻之广大瑶族地区。

书鼓是中国古老的民间打击乐器之一，专用于中国北方说唱音乐"大鼓书"等各种鼓书伴奏。

书鼓

花盆鼓

花盆鼓因鼓面大、鼓底小，形状像花盆而得名。它由堂鼓演变而来，也称南堂鼓。演奏时将鼓悬挂于鼓架上，声音比堂鼓柔和。

虎座鸟架鼓

虎座鸟架鼓为战国时期楚国的重要乐器种类。它的底座为两只昂首卷尾、四肢屈服、背向而踞的卧虎，虎背上各立一只长腿昂首、引吭高歌的鸣凤。背向而

黄泥鼓　　　　　　　　　　象脚鼓

立的鸣凤中间，用红绳带系一面大鼓。整个鼓髹黑漆，以红色、金色、蓝色等绘出虎斑纹和凤的羽毛，绚丽夺目。反映了楚人崇尚鸣凤、向往安详的意识以及征服猛兽、不畏强暴的精神。

　　黄泥鼓是瑶族打击乐器，瑶语称"泥王瓮"。演奏前要用湿的黄泥涂抹鼓面，起到定准音调的作用。跳黄泥鼓舞最热烈的场面要数"盘王节"。

　　"盘王节"是瑶族的传统节日，一般在农历八月十五举行，人们带着心爱的黄泥鼓从数里之外赶来参加盛会。

　　象脚鼓流行于云南西双版纳地区，因形似象脚而得名，是一种单面击奏鼓。大型象脚鼓又叫长鼓；中型象脚鼓又名短鼓；小型象脚鼓则呈矮脚杯状。

　　双鸟饕餮纹铜鼓，仿制，整体由青铜

双鸟饕餮纹铜鼓

堂鼓

铸造，形状为横置的筒鼓，鼓面仿鳄鱼皮，双鸟枕形座下有一个饕餮面。此件文物原品现存日本奈良博物馆。

堂鼓在清代称仗鼓，演奏时通过敲击鼓心、鼓边以及控制敲击力度，从而产生音色及音量的对比，可合奏也可独奏。一般鼓心的音较低沉，愈向鼓边则声音愈高。击奏时，音量能从很弱到很强，力度变化也很大，对情绪及气氛的渲染能起较大的作用。

（三）明清家具展

钟鼓楼博物馆设有明清家具展厅，展示的家具为钟鼓楼博物馆多年来珍藏的部分明清家具，以其不同的用途陈设、陈列，体现了各自的特点，使观众在欣赏明代建筑的同时领略到清式家具的风采。

明清时代是我国古代家具制造的鼎盛时期，随着社会经济、文化的发展，中式家具形成了鲜明独特的民族风格和浓郁的中国气派。明代家具追求神

态、韵律，注重实用、舒适、色泽协调沉静，圆顺的体质经过打磨修饰以后，不仅澄莹明亮，而且手感特别柔美；清代家具注重体量厚重，提倡繁复细腻，重装饰，崇尚大面积、多种材料的镶嵌，精细繁缛的雕刻，以富丽、豪华独树一帜。明清家具虽然在风格上迥然不同，但其艺术成就深受人们赞许，是中华民族优秀的文化遗产，在世界家具领域中享有盛誉。

　　西安钟鼓楼的明清家具展根据房间功能、家具功用分类，以整体、个

鼓楼二层展厅

体两条线索陈列展品。

厅堂是会见宾客的房间，属于公众性场所，功能与今天的会客厅相同。其典型陈设为：屏风、条案、方桌和椅子。明清时期，民间普通家庭多于厅堂正中设一长条案，摆放一组陈设。案前放一方桌，略低于长条案面。方桌上陈放茗瓶茶具，方桌两侧各放一把椅，整体显得庄重严肃。这种陈设格式，礼仪性很强。通常情况下，有贵客来访，主人至门外迎接，引至正厅，主人以手势相配合请客人入座，客人亦以手势相配合请主人另一侧入座，以示谦恭。然后双方相揖入座。正厅两厢一般还要纵向平设数椅和几，如果客人较多，除主客外，其余人则按长幼次序分别坐在两旁。

书房是清代宅第重要组成部分。其基本陈设一般由桌案、椅子、博古

厅堂

书房

架或书架组成。桌案的面板宽大，抽屉灵巧，已具有许多现代写字台的特征。博古架又称"百宝格"或"多宝格"，是专为陈设古玩器物的，在清代十分流行。

罗汉床专指左、右、后加上围子的一种床，它是由汉代的榻转变而来的一种家具。榻本是专门的坐具，经过五代和宋元的发展，形体由小变大，变成了可供多人坐的一种大坐具，这样，它便具备了坐和卧两种功能。在榻的边上加上围子，就成了罗汉床。罗汉床的围子的组成形式多种多样，常见的是用小木块拼接成各种几何图案，也有用三块独板做成，其中背板较高，两头做成阶梯形曲边，拐弯处做出软弯圆角，既典雅又

罗汉床

朴素。罗汉床当坐具使用时，通常在中间放置一个小炕几，两侧分别放两个软的垫子，功能相当于现在的沙发。西安钟鼓楼博物馆收藏的这组罗汉床，三面的矮围子上有透雕龙纹，四足雕磨成龙爪抓珠状，体现出富贵权威的贵族气质。

八仙桌

八仙桌是结构最简单、用料最经济的家具，一件家具仅三个部件：腿，边，牙板。在清代，普通的人家里最基本的家具就是一张方桌两把椅子，八仙桌成了每家必备的家具。八仙桌的最大特点是形态方正，有安定感。无论多杂乱的房间，摆上一张八仙桌，两侧放两把椅子，马上就产生出一种稳定的感觉，这是儒家文化的体现。

玫瑰椅指靠背和扶手都比较矮，高度相差不大，并且垂直于椅盘的一种椅。玫瑰椅通常椅形较小，造型别致，靠窗台陈设使用时不会高出窗沿阻挡视线，用材较轻巧，容易搬动，在居室中陈设较灵活，是明式和清式家具中常见的一种椅子式样。玫瑰椅方形的边框通常加上雕刻纹饰的卷口牙子，式样考究，造型单纯优美，供文人书房、画轩、小馆陈设使用，有

玫瑰椅

螺钿嵌

一种书卷气息。

螺钿嵌是清代家具广泛采用的一种装饰工艺。该工艺是将螺蚌的贝壳雕切研磨成规则的小块，按预定图案拼凑起来，最后漆贴、镶嵌于家具之上。色泽柔和，晶莹剔透。

百宝嵌是将各种珍贵材料集中体现在一件家具上的装饰工艺，它与螺钿嵌相比更显奢华。百宝嵌屏风多是先在木料上按图案要求起槽，再把各种质地的镶嵌物嵌入槽内组

成设计图案。常用的镶嵌材料有各色玉石及贝壳、象牙、兽骨、竹木制品、金属、瓷制品等。这类屏风陈设于殿堂之中，颇为绚丽华贵，常常是厅堂里最讲究的家具。馆内现藏的这面百

百宝嵌屏风

宝嵌屏风上绿色的是玉石，白色的是象牙，褐色的是玳瑁，黄色的是犀角，搭配十分巧妙。

（四）特展

钟鼓楼博物馆根据时代发展需要，以钟楼、鼓楼两座古建筑为依托，举办了众多主题鲜明的特展。

2007 年 4 月，"关中民俗展"；

2008 年 12 月，"龙腾盛世　和谐之音"大型中国古钟文物精品展（与北京大钟寺博物馆联合举办）；

2009 年 4 月，"中国木化玉精品展"；

2009 年 9 月，"千年之谜——柴窑文化研究展"；

2009 年 12 月，"西安市文物稽查成果展"（与西安市文物局在钟楼联

合举办）；

2010 年 4 月，"秦砖汉瓦精品展"；

2010 年 12 月，"唐三彩文物精品展"；

2011 年 4 月，"通灵宝玉——周原玉器精品展"。

此外，"师尊碑林、墨海探源——薛铸语境书法展"、"和平的使者——中国清代外销瓷展"、"西汉美酒展"、"于右任书画精品展"、"齐静波书法展"等多项具有独特历史背景和文化价值的展览引起了社会的强烈反响。

二、三大表演

西安钟鼓楼博物馆在静态展览基础上，推陈出新，长年有"晨钟暮鼓

仿古仪仗表演"、"仿秦乐府编钟表演"、"中国鼓文化表演"三大动态表演。使观众在欣赏博物馆藏品的同时，切身体会到钟鼓楼丰富的历史文化以及鲜明的鼓文化特色。

（一）晨钟暮鼓仿古仪仗表演

所谓的"晨钟暮鼓"，是指古代中国各个地方早晨先鸣钟，次击鼓，晚上则先击鼓，后鸣钟的报时制度。早晚所击的鼓，分别称作"晓鼓"与"昏鼓"。从 2007 年黄金周期间起，西安钟鼓楼开始举行"晨钟暮鼓"仿古表演活动，11 名身着盔甲、手执戈矛的"明代"武士组成仪仗队进行报时列队表演。每日上午 9 时、正午 12 时和下午 3 时，西安钟楼上的景云钟（复

晨钟暮鼓——敲钟报时

晨钟暮鼓——仪仗表演

晨钟暮鼓——击鼓定更

编钟表演

制品）分别鸣响 24 声；傍晚 6 时，首先鼓楼上的二十四节气鼓齐鸣，然后闻天鼓鸣响 24 声以报暮时。这是"敲钟报时，击鼓定更"传统的历史重现，为千年古城增添了浓郁的典雅之美和庄重之美。

（二）仿秦乐府编钟表演

　　西安钟鼓楼博物馆现有的仿秦乐府编钟是根据对陕西临潼秦始皇陵出土的乐府钟和陕西眉县、扶风等地出土的编钟的研究成果仿制而成，共 39 件。全套钟纹饰精美，音色纯正，庄重典雅，气势宏伟，能演奏古今中外各种乐曲。

现在表演的主要曲目有《钟楼神韵》、《赶牲灵》、《春江花月夜》、《喜洋洋》、《茉莉花》、《彩云追月》、《友谊地久天长》、《花好月圆》、《迎宾曲》。

（三）中国鼓文化表演

西安钟鼓楼博物馆定期举办中国鼓文化表演，表演节目主要有《战鼓风云》、《欢天喜地》、《黄河船夫》、《龙腾虎跃》、《双鼓绝唱》、《滚核桃》、《山林汉子》、《迎宾锣鼓》、《鼓舞》等。

中国鼓文化表演——《昭陵六骏》

第五章　西安钟鼓楼的故事

西安钟鼓楼作为古代建筑，引无数文人骚客折腰、扼腕。当你登上钟楼、鼓楼，仔细观察、聆听生动感人的民间传说、历史故事，便有种穿越时空的体验。

一、西安钟楼的前世今生

鳌鱼作怪，知府不安，老道出谋，钟楼迁址

据《钟楼碑》记载，明神宗万历十年（1582 年），钟楼整体向东搬迁了约 1000 米，从西大街广济街口移至今天的位置。

依史料分析来看，钟楼东迁，是由于明初扩建长安城、改建城门，城市中心东移，钟楼显得偏离了城市中心，于是向东进行了整体搬迁，然而，关于这次整体搬迁的原因，人们却更喜欢另一个美丽的传说。

万历年间，关中发生了大地震，人员死伤无数，传言四起，说有妖怪作乱。长安的豪门大族都很恐慌，纷纷奏告太守降魔除妖，平息地动。知

府也像热锅上的蚂蚁，坐不下，睡不宁，于是召见迎祥观的道士高承之来商议这件事。

高承之是一位在长安城久负盛名的老道，他善剑术，会法术。他告诉知府："以我的看法，钟楼东迁半里地，地动必定消除。"知府问其原因，高承之说："我有一卷书，记着长安的地理，上面说关中原是一片浩瀚的大海，终南山的高峰也不过是一些零星的岛屿，当'天倾西北，地陷东南'的时候，海水向东流去，这里就成了平原。但有一条大鳌鱼不愿离开，就用嘴凿了一条大川，把自己隐藏在水中。后来地裂山突，这条大川成了地下河。每到三月十五日，鳌鱼就游到露出地面的大川口，呼吸空气，喷沙戏浪，冲出几丈高的水柱。关中居民怕它带来灾难，每到这一天，就把铜盆翻扣上，放上奉品敬鳌鱼。而隋以后，长安城逐渐东移，这条川口也被封闭，再也见不到鳌鱼喷水柱的壮景了。如今发生地动，正是那条鳌鱼在作怪！"知府听得有趣，急忙插问一句："你可知这大川口在什么地方？"高承之站起身，拉开窗帏，指着东边说："就在钟楼以东半里的那个十字街口。"说着，高承之从袖子里抽出一卷图，递给知府。知府展开一看，是一座瑰丽的钟楼，楼下伏卧着一条鳌鱼，左上角有一首诗：

> 天刚破晓霞蔚生，抛却金币乐无穷；
>
> 春风漫舞长安道，修得是楼四街中。

看罢这幅图卷，知府心里一下亮堂了。立即命令全城铁匠，赶制一百丈长的铁链，准备降鳌建楼。

待到三月十五，高承之随知府一行人来到了十字街口。知府命令十几名兵士用镢头刨开路面，露出四块大石条。搬开石条，果见下面有一深井，

99

井下有川，水流哗哗。不一会儿，一股水柱夺井而出，冲向天空，满城百姓都很惊异。又过了一会儿，见一鳌鱼头伸出井外。高承之从从容容地走过去，用宝剑按住鳌头，叫兵士用铁链把鳌头锁住，然后把铁链和鳌鱼一起沉入川底。随后，知府又令铸起大铁圈，紧紧箍住井口，将铁链的另一端压在下面，随即又征用五千工匠，夜以继日，赶修钟楼。万历十年春，新钟楼胜利竣工。

恰逢此时，巡抚龚懋贤到陕任职，被雄伟、壮观的钟楼惊服了。他亲自登上楼顶，遥望终南秀岭、市府长安古城，心旷神怡，欣然赋诗一首：

羌此楼兮谁厥诒，

来东方兮应昌期。

挹终南兮云为低，

凭清渭兮衔朝曦。

鸣景云兮万籁齐，

彰木德兮奠四隅。

千万亿祀兮钟虡不移。

从此后，钟楼巍然屹立，鳌鱼被镇压在川底，再也不能兴妖作怪了。

上了年纪的西安人大都听过一种说法，在钟楼附近的地上或钟楼的墙边仔细去听，能听到汩汩的水声。其实那不是井水的声音，而是风从钟楼的门洞吹过发出的声音，这是一个美丽的误会。

景云钟

每年的除夕之夜，在新旧年交替的那一瞬间，中央人民广播电台都会

用钟声向全国人民传来吉祥的福音，这口奏出清亮、悠扬之声的大钟，就是著名的唐代铜钟——景云钟。

景云钟造于唐睿宗景云二年（711年），一直为西大街广济街口的皇家道观景龙观（后改称"迎祥观"）所用。

传说唐玄宗曾欲在民间大选宫女，圣旨一下，便有景龙观道士肖元裕跑来报告，说景云钟敲不响了。玄宗大惊，思前想后，醒悟到大抵是自己触怒了上天，急忙收回成命。是夜，玄宗梦见一个三尺多高的白胡子老头，自称是玄宗的先祖，现居终南山中，灵魂就寄托在景云钟里。玄宗醒后即命尚书张九龄与肖元裕到京城西南一带访求，果真在周至县的闻仙峪得到一尊高三尺有余的老君玉像。玄宗将玉像迎入兴庆宫，斋戒三日，后将玉像供奉于景龙观中。再去敲钟时，景云钟的钟声果然又响彻云霄了。于是玄宗将景云钟视为神物，决定在迎祥观上修建钟楼，悬挂景云钟于其上。此后，迎祥观和钟楼在安史之乱中化为灰烬，景云钟也被废弃不用。

景云钟何时由唐代的景龙观移于城中？景云钟所在的景龙观即迎祥观，位于唐长安城的皇城之外，五代时期所建的新城沿袭了唐皇城，所以景龙观仍在新城之外，紧邻新城。五代时期又在城内重建迎祥观，当时极有可能将景云钟移置于城内新建的迎祥观中，但这个观点并没有得到文献或实证资料的证明。明代扩建西安城后，景龙观才被纳入城中，在这一时期被移入新城的东西一定很多。

关于景云钟悬置于西安钟楼一事的记载最早见于清道光二十八（1848年）《重修迎祥观钟楼碑记》。记中云景云钟系"明洪武间，移置于楼。楼三层，高十丈许，钟悬于上层中央。顺治八年重修有碑记。"由此可以推断明代所建钟楼上所悬之钟即是景云钟。但对为何"移置于楼"，今人不得而知。一种可能是唐代迎祥观废弃之后，景云钟即被留在原地，至明初新建钟楼时方将其移置于新建的钟楼之上；另一种可能是元代在北广济街东本就建有钟楼，对于这一钟楼之上悬置的钟是否就是景云钟，旧志未提，甚至连奉元城中有无钟楼一事，《长安县志》也未言及。可见时人已无法澄清这一段渊源关系。因此，元代钟楼上所悬之钟大抵是景云钟。而明代重建钟楼，则极可能促成"移置于楼"。

自明初修建西安钟楼后，景云钟被悬置其上，使景云钟和西安钟楼结下了不解之缘。民国初年，景云钟曾被送至亮宝楼（今西大街省图书馆），从此钟、楼分离。为了妥善地保护好这件国宝，新中国成立以后，景云钟被送至陕西省历史博物馆，即现今的西安碑林博物馆收藏。

灾害不侵

中国古代建筑多为木制，高规格的建筑由于其体量大、高度超出周围建筑物颇多，遭遇雷击而引发火灾的事故频发，然而在钟楼建成至今的几百年间，虽然没有采取任何避雷措施，却始终没有听说过钟楼曾遭遇雷击，发生火灾的记录。仅在新中国成立后的一次修复钟鼓楼的过程中，鼓楼遭遇雷击，发生了一次小事故，人们才意识到钟楼也需要防雷，于是在修复过程中特意安装上了避雷针和避雷网。

追溯钟楼的历史，是发生过火灾却没有记录还是根本没有发生过呢？据现存碑刻记载，钟楼曾在清乾隆年间进行过一次大规模的修缮，从里到

外修葺一新。当时是不是发生了火灾呢？文献中没有任何这方面的记录，如今人们只能臆测。陕西省防雷中心的专家杜建忠认为，雷击是点对点，具有偶然性，钟楼没有被雷击中过，只能解释为偶然。于是有人说，钟楼建成600年，从未遭遇毁灭性打击，即使在"文革"中也得以幸免，是因为钟楼风水好。

一楼多用

钟楼初建时，主要的功用是报时。但封建王朝崩塌后的数十年战乱期间，由于无人管理，钟楼被派上种种用场。

辛亥革命时期，钟楼曾做过清军的阵地；这里也曾于1927年开过西安历史上第一家电影院；还曾被改成天文馆；它在抗日战争期间是"气象台"和"报警台"；新中国成立前是秘密监狱；新中国成立后一度是国庆检阅游行或召开大会时的观礼台。

20世纪50年代初某年国庆期间的钟楼

总理参观

新中国成立后，很多来西安的领导和外宾都参观了钟楼，朱德、周恩来、董必武、彭德怀、贺龙、陈毅等都曾在钟楼上留下脚步。

1955 年的一天，对我馆职工刘遵祖（1953 年～1996 年在钟楼工作）来说，无疑是一生最难忘的时刻。他说："1955 年，周总理和陈毅一行来到钟楼参观，安排我接待。我放下电话兴奋地就往钟楼跑。消息太突然了，我要赶在他们到之前做些准备。周总理他们一行人绕钟楼一圈，还上二楼看了西安的市容风貌。后来朱德也来到西安，指名参观钟楼，我有幸一睹朱老总的风采。"

破败失修

"天气灰蒙蒙的，大字报糊了满墙，一层层从楼梯贴满整个钟楼基座。看上去千疮百孔，上面的裂纹清晰可辨。钟楼盘道、东西南北四条大街都很窄很窄。"这是"老西安"宋女士 13 岁那年对钟楼的印象。

时值"文革"期间，刘遵祖回忆："保管所七、八位同志白天上楼值班、晚上锁门窗。遇到红卫兵就宣传钟楼的历史重要意义。好在大多数人对钟楼还存有敬畏，十年期间终于平安无事。"那时的钟楼是城里当之无愧的最高建筑，方圆数十里唯有这一栋高楼最宏伟。当时的人们绝对无法想象霓虹灯、广告牌、广场、景观灯和今日的繁华喧嚣。刘遵祖回忆说："那时南院门有家世界大药房，东大街南柳巷口有个市场，钟楼东南角有家食品店，还有西安饺子馆。西北角有家卖旧衣物的商店，还有家泡馍馆，

好像叫做一间楼。能数出的楼房就这几栋，剩下全是低矮的平房。"

开门迎客

时间一晃到了 20 世纪 70 年代，当时要求钟楼开放的呼声很高，有关部门就对开放钟楼的可行性进行论证。由于钟楼基座有些部分太过古老脆弱，承受不住过多游人的重量、震动，开放，对于一座经历了 600 多年风吹日晒雨淋的地上文物来说，不可能没有影响。但本着让更多的人了解钟楼的想法，钟楼还是对外开放了，那是 1984 年。此后，越来越多的游人登上钟楼，敲大钟，看日渐繁华的西安街道……如今 20 多年过去了，钟楼不仅没有受损，反而越来越金碧辉煌，美丽出众。

55 岁的马祖印家十几代人在钟楼脚下扎根了三百多年。马祖印说："我在钟楼脚下出生、成长、结婚、生子。钟楼开放后登楼的游人越来越多。儿童服装店、新华书店、钟楼邮局、平安市场、电影院、解放市场一家接一家地开起来，个个红火。大家都喜欢到这些地方来转转，在那物质相对匮乏的年代，这里就是购物天堂。"

数码时代　钟楼情结

古老沉默的钟楼在 21 世纪变得更加耀眼璀璨。虽然周围的一切物事时过境迁，但钟楼依然作为西安的标志性建筑，巍然屹立在城市最中心。它周围是广场华灯和街上闪烁的霓虹，脚下是攒动的人群、青春的笑脸。平日，钟楼周边是时尚的购物中心，平安夜，钟楼是年轻人的狂欢中心……

地下通道

曾经在钟楼下摆"快照"摊的李师傅说："我是靠给钟楼拍照吃饭的。"多少年前，他在钟楼下摆起了一个快照小摊，给无数外地游人跟钟楼拍过合影。他没想到，自己在钟楼下一扎就是十三年。十三年来，他每天要从南郊的住所赶到钟楼上班。早年还没有现在的地下通道，"那些年月，我从南大街下了公交车走到西大街，只能从大马路上通行。我常常搬着一大堆照片、器材、样品，就在马路上跟汽车、自行车争道，其实看着都挺危险的，直到2003年政府修起现在这个圆形钟楼地下通道。现在，我去哪条大街都方便，而且还都有电梯，搬起东西来又方便又省力。"

景观照明

20世纪90年代末的钟楼盘道狭窄，没有花坛，四条大街堵车是常事，交通十分不便。钟鼓楼广场尚未建成，周围屋面上全是广告牌，与钟楼景观很不协调。那时钟楼仅有基座下一圈照明灯具，没有一点现代化气息，尤其是夜幕降临后，钟楼显得灰突突的，晚上是半黑的状态，只能看到大概轮廓。后来政府对钟楼进行了整体照明装饰，现在的夜晚，钟楼的屋檐廊柱，甚至每个细节都可以看得清清楚楚，四周广场上的景观灯造型颜色也十分讲究，与钟楼相互辉映，使得钟楼整体形象产生了质的飞跃。

钟楼记录着西安沧海桑田的历史，铭刻着西安人心中的悲怆与骄傲。它与鼓楼晨昏相伴，与西安四门遥相呼应。钟楼还将站在这座城市的中央，与西安人一起迎接未来。

钟楼夜景

二、西安钟楼宝顶被"盗换"之疑

　　早在 20 世纪 20 年代，西安街谈巷议流传着西安钟楼宝顶被军阀盗换的说法。至今西安乃至全省许多老人，心里还存在着这个疑窦，根据是钟楼宝顶历来灿灿发光，特别是在朝阳和晚霞中，更是光亮夺目，但自 1928 年宋哲元（时任陕西省主席）修葺钟楼后，宝顶便再也不发光了，于是西安人认为宋哲元把钟楼金顶换去购买军火，换了个假的在上面。但也有人说陆建章督陕时（1914 年任陕西督军）就已经换过了。

　　关于钟楼宝顶的真假问题，直到解放后，西安群众仍很关心此事，询问者甚多。西安市文管会为了解开这一历史谜案，答复群众询问，于 1953 年 7 月市建设局修葺钟楼后，经专家学者根据拆装钟楼宝顶过程的实际情

钟楼宝顶

况，得出的比较一致的意见是钟楼宝顶是原物，没有被换。

从拆卸钟楼宝顶看并无置换痕迹

1953 年 7 月修葺钟楼时拆卸了钟楼宝顶得知，钟楼宝顶用材及结构是：内有一中柱，直径 0.32 米，长约 5 米，竖于楼内大方木梁中，有两道铁箍；该柱外有 0.3 米厚的半圆形松木两块结合，结合处有榫（音"笋"）两个，外有铁箍三道，钉有长钉；该木外又包有 0.25 米厚的扇面形木 19 块，又有铁箍三道，亦有铁钉；最

维修中的钟楼宝顶

后在该木外面用紫铜叶分三节包上，每节用铜叶 18 张，最上顶用一整张圆形铜叶盖上，所有铜叶均用铜钉四周钉实，共计 1008 个铜钉，重 3.7 千克。顶座是用大砖与净白灰砌成，外圈砖砌成扇面形，各砖均用铁扒连接，在顶座半高处正南拆出一个小木匣，内装五谷、丝线和重三钱八分的马蹄银一个。从拆下的部件看，铜叶内面已呈淡黑色；木件除这次拆卸的钉眼，未查出重钉钉眼及其他置换痕迹；木质多数已腐朽，但上下内外所用木

料一致，是同一时期的材料；铁箍、铁钉亦锈；五谷和丝线均已变成黑黄色。这种情况绝非几十年所能形成，应为早年原物。

从用工时间上推算亦无可能

根据当时钟楼脚下的住户、商户回忆及此后的调查证明，宋哲元修钟楼是从晚上开始的，第二天清晨便结束。据 1953 年负责钟楼修葺工程的技术人员说："这次光拆卸钟楼顶就用了 3 天时间，更何况那时除了拆卸，还要装上新的，绝非一夜时间能够做到。"相比之下，1996 年再次维修钟楼宝顶时，从搭架子到维修完工，用了将近一个月时间，足以证明宝顶不可能被更换。

钟楼宝顶不发光的谜底

从钟楼顶上拆下来的材料看，木芯外包的是一层铜叶。古时称铜为喻石，亦称风魔铜[①]，每迎太阳，光亮非常。所以人们一直说钟楼宝顶是金的，但究竟是金铸的还是金包的没人能说清。1928 年宋哲元主持修葺钟楼时画蛇添足，给宝顶涂了一层油漆，遮去了铜的光亮，使得宝顶不再如往日那般金光灿烂了，时人便认为宋哲元盗换了钟楼金顶。

既然钟楼宝顶没有被换，为什么西安人要把这盆脏水泼到宋哲元头上，分析起来，也是事出有因。宋哲元素有盗卖文物的恶名，他在凤翔盗掘大

---

① 风魔铜，色泽金黄，是明代进口的一种铜，俗称生金子，在当时极其珍贵，所以存世量也不多。

量古墓，所得铜器宝物，大部分换取了军火，自然不得人心。当然引起人们怀疑的还是钟楼宝顶在维修一夜后突然不再发光了，尽管当时也有人说一夜之间换掉钟楼宝顶是不可能的，但群情愤懑，谁能解释清楚，又有谁愿意相信军阀的人格？况且维修钟楼明知绝非一夜之功所能完成，那么宋哲元一夜之间维修钟楼，用意何在？绝不能排除他惑于"钟楼宝顶是金的"的传言，产生了盗取的动机和贼心，只是上去一看，不是金的，于是作罢，遂以修葺为名，油漆了一下，以掩人耳目，不想偷鸡不成蚀把米，反落得个盗贼的骂名。

新中国成立后，人民政府连年拨款维修钟楼，钟楼的面貌焕然一新，钟楼宝顶也用真正的金箔包了起来，无论晴天雨天，始终光芒四射，璀璨夺目。

三、白石遗作由来

钟鼓楼博物馆曾在 20 世纪 50 年代筹备建馆初期求得齐白石先生专为钟鼓楼而作的书画作品 12 件，如此众多而精美的齐白石作品能为西安钟鼓楼保管所拥有，并常年陈列，实乃西安之幸，三秦大地之幸。白石老人之所以能在 93 岁时赠送如此大量而精美的作品予西安文物部门，原因有二。

其一，从山东画报出版社出版的《白石老人自述》及河北教育出版社出版的《中国名画家全集——齐白石》中我们得知，西安在老人一生的生命印迹中曾留下过重要一页。早在 1902 年冬，齐白石在他 40 岁时曾应湖南友人夏寿田之邀到西安住过三、四个月，并在人文荟萃、名胜古迹美不胜收的汉唐古都结交了对其一生产生重大影响的陕西臬台（即提刑按察使）

樊樊山。樊既是掌一省司法审判的官员，又是当时的名士，他对来自民间的齐白石礼遇有加，不但送了他五十两银子，而且极其赏识他的才华，亲笔为他修订了刻印的润例："常用名印，每字三金，石广以汉尺为度，石大照加。石小三分，字若黍粒，每字三金。"樊樊山的提携与举荐一时间令齐白石治印名声大振。29 年后，樊樊山在北京去世，重感情的齐白石以一方"老年流涕哭樊山"寄托哀思。

早在前往西安途中，走到灞桥时，齐白石即被独特的西安郊外风光所吸引，创作了《灞桥风雪图》，将其列为自己平生得意之作，收入《借山吟馆图卷》，后来还专门篆刻了一方"曾经灞桥风雪"印章以为纪念。在西安期间齐白石游览了碑林、大雁塔、华清池等名胜，写下了吟咏大雁塔的题诗："长安城外柳丝丝，雁塔曾经春社时。无意姓名题上塔，至今人不识阿芝。"翌年三月份离开西安时，他登了华山。晚年，老人曾在自述中讲道："面对华山，看个尽兴。一路桃花，长达数十里，风景之美，真是生平所仅见。到晚晌，画了一幅华山图。"从老人的自述中足可见古都西安的经历及风物在其心目中留下了美好的回忆。

其二，原西安钟鼓楼保管所职工刘遵祖老先生回忆，解放后钟鼓楼回到了人民手中。1953 年，当时的西安市文化局从市城建局手中接管钟楼鼓楼后就开始进行迎接市民参观的准备。1953 年 1 月，由于齐白石在书画领域的杰出贡献，国家文化部授予其"人民艺术家"荣誉奖状，周恩来总理亲自出席首都文化界为其举行的宴会，并与齐白石促膝相谈。也许是因为齐白石的崇高声誉吧，当时的管理部门——西安市文化局在考虑钟鼓楼开放的陈列布置时，就产生了求一些齐白石的作品以纪其盛的想法。后来文

化局文化科干部马毅（已去世）因父亲认识周恩来总理，便承担了赴京联系齐白石为鼓楼陈列馆作画的任务。1953年，马毅和另一位同志拿着父亲的信来到北京找到周总理，经总理牵线，最终求得了如今常年陈列在钟楼上的12幅齐白石真迹。

也许是既有曾在西安生活过的美好回忆，加之周恩来总理从中牵线的缘故，老人对送给西安人民的这12幅作品倾注了深厚情感。这才有了如今珍藏在钟鼓楼保管所的这些传世之作。

四、西安鼓楼鼓声响彻六百年

西安鼓楼，建于明洪武十三年（1380年），距今已六百多年。建成后，鼓楼一直为西安城司晨报时，日落时击鼓起更关闭城门，夜半更深击鼓警戒行人，日出前击鼓亮更开启城门，直至清末。

清代石碑传书法

鼓楼上面一通乾隆年间的《重修西安鼓楼记》碑，间接叙说了鼓楼的历史，同时也是清代书法传世之典范。

《重修西安鼓楼记》介绍，此碑为清代李允宽所书，笔法介于颜真卿与柳公权之间，颜、柳的书法特点为"颜筋柳骨"，所以李允宽所书的这块碑既有颜真卿的笔力腕道，又有柳公权的笔画瘦劲，在整篇文章中有不少字都充分表现出了其作者的书法特点：横竖笔画起端圆润，捺笔结束时先着力顿挫，再轻佻出尖，使笔的末端略成分叉形，用墨横轻竖重，字形结构端庄平稳，表现出雍容大方，体态劲媚，书体严谨的风格。

《重修西安鼓楼记》碑

高耸入云　观景佳处

鼓楼的选址和设计完成后，工程开始。可以想见，一群役夫或者雇工，在匠人头头的带领下，开挖奠基，运土廓坑，垒砖搬石，不出数月，长方形的留有券洞的砖砌楼基就耸立起来。

那时，咸阳原上还是古松参天，森林密布。鼓楼的梁柱椽板用木，自然从咸阳原上运来。木匠们对这些特意选伐的百年、千年巨松，先是刨光溜圆，继而或者浑木使用，或者解剖成段，或者凿卯刻榫，或者雕斗琢拱，然后通过立柱架梁，铺设椽板，勾心斗角，形成了鼓楼的巍峨骨架。最后顶覆筒瓦，内外彩绘，开门辟窗，内置楼梯等，一座巨大稳重、华贵秀美的鼓楼屹立在了西安城里。鼓楼建成后，由地平至楼顶高 34 米，是古时西安城的高大地标建筑之一。鼓楼因此也成为人们登高远望的佳处。

这里需要说明的是，鼓楼券洞内和北院门街起初一直是土路，直到清朝中期，有一晁姓大富户为了做官，捐银两给鼓楼券洞和北院门街路面铺上了石条。

鼓楼建造何以敢越制

鼓楼的高大形象深入民间。一个流传几百年的民间故事讲道：分别来自秦晋豫的三位商人出门在外，为争旅舍热炕睡，各自夸起了本省名物。晋商说："山西有座应县塔，离天丈七八。"豫商说："河南有座于谷祠，把天摩得咯擦擦。"秦商吟诵道："陕西有座大鼓楼，半截插在天里头。"为了表示对西安鼓楼的叹服，晋豫二商一致让热炕予秦商。

　　传说终究是传说。明代对建筑等级有严格规定，如朝廷一品官员的厅堂为五间九架；重檐屋顶一般只准在皇宫王府和皇家寺院中使用，等等，如若擅自超越，将会被朝廷视为僭越之罪，处以满门抄斩之刑。明代僧人重建大荐福寺（小雁塔）时，苦于物力窘迫，无奈使用了寺庙旧日拆下的黄瓦，朝廷得知后迅即派人来调查，发现是武则天大周朝大荐福寺故物，并非当代人故意使用，才免予降罪。

　　这里有一个疑问：素来猜忌重重，亲自严定礼制等级的朱元璋，对西安鼓楼的建筑规制如此皇恩浩荡，是何心思？历史学者揣摩，建都南京的

旧日鼓楼

朱元璋虽驱逐鞑虏攫取天下，但始终对逃至漠北的元朝鞑靼放心不下；建都长安的汉唐两代对这些草原铁骑万里追击，甚至枭首可汗，曾经大长中原朝廷的威风，故朱元璋格外开恩，在西安建立皇家等级的鼓楼，以振国威、慑边寇。

大震中依然耸立

鼓楼建成176年后，明嘉靖三十四年十二月十二日（1556年1月22日），关中大地震发生，此后余震持续数月不断，推测当时震级约为八级以上。这次地震使西安城很多建筑遭到毁灭性的破坏，但令人吃惊的是，从相关史料判断，鼓楼在这场地震中却没有大的损坏。然而，专家还是捕捉到了地震后有关鼓楼损坏的蛛丝马迹。据史载，万历十八年（1590年），陕西巡抚赵可怀重新书写了鼓楼南额的牌匾。为何偏偏重新书写鼓楼上的牌匾呢？答案极有可能是鼓楼在地震中遭到破坏，西安震区多年后恢复了元气，才开始对其大规模维修，包括重新书写震坏的牌匾。在此过程中，高官重书牌匾一事被记录在案，其余则忽略不提。

砖木结构的鼓楼缘何能在大地震的地动山摇里幸存？中国古建筑除了地基和墙基外，其余完全是柱梁搭构，榫卯相连，几乎不用一个金属钉子。这些木质的榫卯嵌合处留有肉眼难看见的缝隙，一旦遇到地震，整座楼体左摇右摆时，榫卯结合处的空隙会给榫卯予以缓冲，大大消解了外力对梁柱的冲击，同时加上繁复斗拱分担地震冲击力，从而确保了地震时中式宫殿大厦的安全性。民间有俗谚，恰如其分地表述了中国古建的稳重："墙倒柱立房不塌。"

空袭炸毁楼脊

抗日战争时期，鼓楼差点成了日寇飞机轰炸下的殉国难楼，但它用它的身躯庇护了众多西安坊上百姓。家住化觉巷232号老宅子的安守信老人，生于1933年，他的这所祖宅距鼓楼不过几步之遥，他见证了抗日战争时期鼓楼在日机轰炸下的重重险象。当年日本飞机轰炸西安城时，在鼓楼券洞和其西侧楼基挖的防空洞，成了化觉巷一带老百姓的避难所。其时，鼓楼顶上建有一个一米见方的小屋，安着警报器，小屋前有个架子，架子上挂着红灯、黄灯。当日军飞机前来空袭时，就拉响警报器，同时点亮红黄灯以警示。安守信记得，有一天上午，日军轰炸鼓楼，至于哪一年，则记不清了（有人记得是1941年前后）。附近的百姓都在鼓楼下的防空洞躲空袭，只听头顶"轰"一声巨响，鼓楼楼脊被炸了一个豁口。除楼脊外，鼓楼回廊一根立柱（有人说是横梁）也被炸断。日军炸烂的鼓楼楼脊和立柱直到解放后才被修复好。

安守信曾亲眼见到西安苏子坑防空洞遭日机轰炸，洞口塌陷后，里面躲空袭的几百人因缺氧而死亡的恐怖情景：每具尸体上都有触目惊心的一条条紫红血抓痕。而鼓楼，用它的身躯挽救了西安城黎民的生命。

五、西安鼓楼巨匾

在西安鼓楼南北两面楼檐下，原悬挂两幅匾额，南面的是"文武盛地"，北面的是"声闻于天"。两块匾额均为长8米，宽3.6米，蓝底金字木匾，每块匾额重约3吨，匾字为贴金凹体，字字珠玑，百代绝笔，西安市民称

其为城市的"眼睛",将其视若珍宝,并把它们咀嚼在了茶余饭后的清茶袅袅中。

西安地区的历史可追溯至西周文王、武王所建的丰、镐二京,《史记》云:"周文王都丰、武王都镐、丰镐之间,帝王之都也。"所以,"文武盛地"以志西安吐纳孤独千年风云,古往今来的发达昌盛。"声闻于天"源自《诗经》中"鹤鸣九皋,声闻于天"。这两幅匾额不仅说明建筑物的意义,而且画龙点睛,使鼓楼生机盎然,为这座古建筑增添了不少光彩。

鼓楼南面楼檐下巨幅匾额上"文武盛地"四个金色大字为何时何人所书?长期是个谜。民间相传"声闻于天"牌匾是女皇武则天御笔,明朝修鼓楼时借挂在了楼北额。武则天起初书匾,用的是"於"字,但少写了一

点。有一次她路过宫门附近的鼓楼，抬头看见匾额上的"於"字少了一点，遂张弓射箭，补全了"於"字。明朝挂匾时，把"於"字改写成了"于"字。另有说该匾是乾隆皇帝所书，而比较多的说法是清代陕西巡抚张楷摹仿乾隆御笔所刻。

《陕西名胜古迹》一书录载了乾隆五年（1740年）鹤城张楷撰《重修西安鼓楼记》碑文全文，并在文后写道：楼额大书"文武盛地"四字，即御书摹刻也。《长安史话·西安钟楼和鼓楼》一文中写道：鼓楼"南北两面楼檐下，各悬巨型匾额，南面匾文是'文武盛地'，为清代陕西巡抚张楷摹仿乾隆御笔书，北面匾文是'声闻于天'，出于咸宁县名士李允宽之手。"最早见著于文的是民国二十四年九月（1935年）宋联奎总编的《续修西安

鼓楼记》，碑文后记有"楼额大书'文武盛地'四字即御字摹刻也，又'声闻于天'四字相传亦李允宽书。"续志之所以如此记述，实为《重修西安鼓楼记》中有"……工成之月，楷荷恩赐御书，遂摹而奉悬于其上，俾秦民世世蒙天子之福，以与斯楼并，永于无穷也，爰勒石以纪其事，乾隆五年岁次庚申正月榖旦立，咸宁学生李允宽书"等语所臆断。估计《陕西名胜古迹》及《长安史话》之说皆源于此。

1966年9月，西安市红卫兵造反统一指挥部给钟鼓楼保管所发来一道"勒令"：根据"破四旧"指示精神，限三日内将鼓楼上"封建主义招牌"揭下自行销毁。"封建主义招牌"，当然是指鼓楼南匾"文武盛地"，北匾"声闻于天"。随后，红卫兵派人将两块鼓楼牌匾粗暴取下，劈柴烧了，听说烧了月余。

由于原匾被毁，何人所书之谜，更无从破释。

近年，钟鼓楼博物馆工作人员在西安市档案馆查得1952年10月27日西安市公营新元营造厂（现为西安市建筑三公司）修缮鼓楼后关于匾额署款的一份请示及西安市人民政府1952年12月4日的批复，从而解开了这个百年的疑团。

鼓楼匾额遵照指示，将原有"文武盛地"及"声闻于天"都已描刻完好。唯南向"文武盛地"之上款可以看清楚为"万历十八年庚寅孟春"，下款为"巡都御使重□□可□题"。该字上又盖有"康熙元年岁次□□吉日"等字迹。究拟改写何款，请明确指示，遵照为荷。

此致

敬礼

　　　　西安市公营新元营造厂一九五二年十月二十七日

西安市人民政府 1952 年 12 月 4 日批复内容为:

　　一九五二年十月二十九日市建建字第二二四号报告悉:鼓楼南面匾额的上下款字遗迹已模糊不清,此次油漆后,即无需再提新的款识。因为带有封建意味的"文武盛地"四字之所以被保留,只是为了古迹的存真,古迹而注以现在的年月还是不合适的。如果为了标明这一古迹的年代沿革,应在全部修建工程告竣时建一纪念碑,作历史性的依据和记载较为相宜。

　　特此批复,即希查照办理。

　　　　　　西安市人民政府一九五二年十二月四日

　　根据上述两个文件所提,"文武盛地"匾额题写于明万历十八年(1590年),又据清雍正年间的《陕西通志》中巡抚陕西都御使名单查证,"万历十四年(1587年)是河南太康人王璇,万历十七年(1589年)是四川巴县人赵可怀,万历十九年(1591年)是广东归善人叶梦雄",依此断定,明万历十七、十八年陕西巡抚都御使是赵可怀。这不仅与匾额题写的年月相符,而且与匾额上的"□可□题"模糊不清的文字相吻合。因此,"文武盛地"四字应为明万历十八年巡抚都御使赵可怀所书无疑。

　　如此明显之事,为何一直未解?其实不难解释。该匾额虽长 8 米,宽 3 米,十分巨大,但因悬挂离地面 22 米之高处,再加上、下款字小而模糊不清,在地面上是根本无法看清的,楼上又有楼檐遮挡,匾额都不得目睹全貌,更别说看清上、下款了。解放初期维修时,又将此款漆涂,更不得

见其真面目了，再加之张楷《重修西安鼓楼记》中含糊的说法，近半个世纪以来以讹传讹，把臆断当成了事实。

现虽查清了"文武盛地"为明万历十八年陕西巡抚赵可怀所题，但张楷摹刻乾隆御笔又是什么内容？摹刻奉悬于鼓楼建筑的哪一部分之上，尚还不清楚，还待进一步考证。

后 记

2012 年,《钟鼓楼》经过一年多的撰写、修改,终于要与读者见面了。

《钟鼓楼》在编写过程中,得到了文物出版社、西安市社会科学院、中国文物学会历史文化名楼委员会、西安市文物局、西安市考古研究院的鼎力支持和无私帮助。西安钟鼓楼博物馆的工作人员默默奉献,付出了宝贵的时间和心血,在此谨表示衷心的感谢。

西安钟鼓楼始建于明初,传承至今已有 600 多年的历史,作为西安钟鼓楼的守护者,我们既感到自豪又感到肩上的压力沉重。自豪的是我们有幸成为钟鼓楼的保护者;压力则来自于钟鼓楼文化底蕴的深厚。要充分挖掘和展示西安钟鼓楼的深厚文化,我们还有很多的工作要做,这也是我们编写这本书的初衷,旨在抛砖引玉。

在本丛书的编写过程中,我们使用了大量的原始资料,也参考了许多同仁的研究成果,在此就不一一致谢了。

特此说明。

西安市钟鼓楼博物馆

二〇一二年五月二十日